Hartwig Hausdorf, Jahrgang 1955, studierte an der Fachhochschule München Touristik. Seine Laufbahn begann er bei einem Reiseveranstalter mit Schwerpunkt China und Fernost. Dieser Kulturkreis fasziniert ihn seit jeher. Seit Ende 1988 ist er in leitender Position in einem Reisebüro tätig. Als Leiter von Gruppen und privat ist er etwa drei Monate im Jahr in der ganzen Welt unterwegs. Dabei hat ihn sein Weg schon mehrfach nach China geführt.

Dieses Buch wurde auf chlor- und säurefreiem Papier gedruckt.

Vollständige Taschenbuchausgabe Februar 1996
Droemersche Verlagsanstalt Th. Knaur Nachf., München

Bildnachweis: Peter Brookesmith 13. Chen Jianli 11, 12.
Erich von Däniken 4, 15, 18, 20, 21a, 21b, 22a, 22b, 23, 24, 25, 26, 27.
EROS-US 9. Hartwig Hausdorf 1, 2, 7, 14, 28, Vor- und Nachsatz.
Peter Krassa 5, 6, 8. Peter Krassa/Walter Hain 10. H. Ragaz 19.
Karl Spießberger/esotera 16, 17. Ed Walters 29, 30.
Westermann-Verlag 3.
Umschlaggestaltung: Adolf Bachmann, Reischach
Umschlagabbildung: The Image Bank, München
Satz: Schaber Satz- und Datentechnik, Wels
Druck und Bindung: Ebner Ulm
Printed in Germany
ISBN 3-426-77167-5

5 4 3 2 1

Hartwig Hausdorf

Die weiße Pyramide

Außerirdische Spuren in Ostasien

Knaur

Inhalt

Erich von Däniken: *Vorwort*

Lieber, verehrter Leser,

Muß eigentlich jeder, der von einer Sache angetan ist, gleich ein Buch darüber schreiben? Ertrinken wir nicht längst in der Papierflut? Werden nicht alleine im deutschsprachigen Raum jährlich über eine Million Manuskripte angeboten? Wer soll das alles drucken, verbreiten, lesen? Und überhaupt: Wozu noch Bücher, wo die elektronischen Medien ohnehin viel bequemer zu konsumieren sind?
Die Präastronautik, oder - etwas wissenschaftlicher - die Paläo-SETI-Hypothese, ist ein junger Forschungszweig. Jung gemessen an den alten, etablierten Schulen der Mathematik, der Geometrie, der Medizin oder meinetwegen der Religionswissenschaften. Im letzteren Falle hat uns die vielgepriesene wissenschaftliche Methode der Recherche, der Analyse und des Vergleichens keinen Deut weitergebracht. Jahrhundertelanges Nachdenken von klugen und sicher integren Gelehrtengehirnen erbrachten weder Antworten noch Beweise zur Frage von Gott und den Göttern. Zwar versinkt man in einer unendlichen Literaturflut über »die Exegese«, die Deutung, doch ihre Resultate entsprechen bestenfalls der Ansicht des betreffenden Gelehrten. Seit x Generationen streiten sich die klugen Köpfe über den Sinn irgendeines Wörtchens, über den Stamm einer Silbe,

die Bedeutung eines Anhängsels. Klargemacht worden ist gar nichts. Aus dem theologischen Nebel stiegen dauernd neue Wolken - nur nie plausible Antworten über Gott und die Götter.

Hätte nicht die Presse aufwachen, die cleveren Journalisten mal rebellieren sollen? Schließlich geht es uns alle an. Oder interessiert es Sie nicht, welcher Gott - wenn schon - uns erschuf? Was für seltsame »Götter« mit unseren Vorfahren herumspielten? Wozu wir eigentlich leben und weshalb unser Gehirn so programmiert ist, wie es seit Olims Zeiten programmiert ist? Ist es Ihnen schnurzegal, ob es von der Vergangenheit bis in die Gegenwart »unbefleckte Empfängnisse« gegeben hat? Ist dies Ihnen auch dann wurst, wenn die Produkte dieser rätselhaften Geburten Ihr persönliches Leben und das Ihrer Ur-ur-ur-Großväter beeinflußte?

Wie bitte? - Aber, verehrter Leser, wir leben doch alle in einer Welt, die seit Kindesbeinen von der Religion und der Wissenschaft beeinflußt wird. Die Vorschriften, die uns allen gemacht werden, sind in der Vergangenheit gewachsen. Viele dieser Vorschriften sind gut, sogar brillant, und müssen eingehalten werden, damit wir uns nicht gegenseitig umbringen, bestehlen und belügen. Andere Vorschriften stinken wie vergammelter Käse bis in unsere Gegenwart. Sie vernebeln die Sinne und verhindern die Sicht.

Weder von theologischer noch von naturwissenschaftlicher Seite ist eine logische und rundum akzeptable Antwort auf die Frage nach Gott und den Göttern zu erwarten. Die Religionen bunkern. Sie wollen nichts Neues. Die Stange, um im Nebel zu stochern, wird weitergereicht. Und die Journalisten haben nicht gemerkt, wo echte Sensationen zu holen sind. Aber die Naturwissenschaft, muß die nicht an neuen Erkenntnissen interessiert sein?

Was wir heute als »Naturwissenschaft« bezeichnen, ist ge-

rade 374 Jährchen alt. Damals, im Jahre 1620, veröffentlichte der britische Staatsmann Sir Francis Bacon (1561–1626) ein Werk des Titels *Novum Organum.* Darin wurde detailliert festgelegt, wie wissenschaftliche Forschung zu funktionieren habe. Sir Francis Bacon ärgerte sich regelrecht über die Unwissenschaftlichkeit und den Aberglauben seiner Zeit. Um diesem Zustand ein Ende zu bereiten, verlangte Bacon das jederzeit wiederholbare Experiment. Ausgangspunkt jeder Erkenntnis sei die Erfahrung, schrieb Bacon, und zwischen der Erfahrung und dem Verstand müsse eine »Ehe« geschlossen werden. Für Sir Francis Bacon war Wissen ein Mittel zum Zweck (»Wissen ist Macht«). Auf dem direkten Weg zur Erkenntnis müßten alle Trugbilder (die sogenannten »Idole«) ausgeschaltet werden.
An diese Spielregeln von Sir Francis Bacon halten sich alle Naturwissenschaftler bis auf den heutigen Tag. Sie wollen nicht zur Kenntnis nehmen, daß dadurch ein verzerrtes Bild der Realität entsteht. »Intuition« oder »Phantasie« gelten genauso als »Trugschlüsse« wie eine UFO-Sichtung. Der Dialog eines Menschen mit einem »himmlischen Lehrmeister« muß a priori ein »Trugschluß« sein, denn »himmlische Lehrmeister« gab es nie. Die wissenschaftliche Methode à la Francis Bacon hat keinerlei Sensoren. Man wiegt sich rasch in einer »exakten Sicherheit«, die übermorgen über den Haufen geworfen werden kann. Wenn es keine wissenschaftlichen Meßgeräte gibt, um Telepathie nachzuweisen, dann gibt es auch keine Telepathie. Wenn weder Menschen noch das Material derart haarsträubende Flugmanöver aushalten, wie sie von UFOs beschrieben werden, dann gibt es auch keine UFOs. Wenn jahrtausendealte Felsbilder ein UFO mit einem Männchen im Astronautenlook zeigen, dann handelt es sich niemals um das, was von der Felswand prangt, sondern um die Phantasie des Felsbildkünstlers oder

um die Reproduktion eines Naturereignisses. Wenn in uralten Überlieferungen - niedergeschrieben in der ersten Person, der Ichform - behauptet wird, irgendwelche Göttergestalten hätten dieses oder jenes verlangt, verkündet, befohlen: dann war der Schreiber ein Phantast, ein Träumer, ein Lehrer, der in Gleichnissen sprach, oder meinetwegen sonst ein Hornochse. Nur eines nicht: Ein Realist, der ein wirkliches Ereignis beschrieb und ein wirkliches Gespräch wiedergab. Erstaunlich ist bei dieser Logik eigentlich nur, weshalb die Theologen aus dem (angeblich falschen) Ereignis eine Religion mit dem ganzen Wissenschaftsschwulst darum herum bauten. Die Naturwissenschaft lehnt die »Nicht-Ereignisse« (»Trugschlüsse«) ab - doch die Theologie zementiert exakt darauf ihre Wissenschaft.

So erweist sich der von Francis Bacon vorgeschlagene Weg zur Erkenntnis in mancher Beziehung als Einbahnstraße. Er verleitet zu vorschnellen Positionen, die nur schwer wieder rückgängig gemacht werden können.

Daraus ergibt sich, daß die Naturwissenschaft an irgendwelchen Göttern der Vorzeit nicht interessiert ist - und die Theologie noch weniger, denn die versucht ja eben seit Jahrhunderten, ihre alten Vorurteile zu tradieren. Beide Haltungen müssen sich auf die Gesellschaft auswirken, in der wir leben. Deshalb wagt sich auch kein seriöses Magazin, keine Tageszeitung an eine vorurteilsfreie Behandlung des Themas. Außerirdische im Altertum? Eine Beeinflussung des Menschen von außerhalb der Erde? UFOs? Gibt es nicht. Alles »Trugschlüsse«!

Und sollte es gar einer wagen, dennoch diese unmöglichen Dinge zu publizieren, so landet er rasch im Netz der Lächerlichkeit, ausgelegt von den selbsternannten Hütern der wahren Lehre. Das sind (unter anderem) die Damen und Herren des »Commitee for Scientific Investigation of

Claims of the Paranormal«, abgekürzt CSICOP. Die Mitglieder dieser neuen Inquisition tragen zwar keine Kutten mehr, doch bearbeiten sie alle möglichen Institutionen mit »wissenschaftlichen« Briefen und Argumenten, damit die bisherige »reine Lehre« nicht verwässert werde.

Wie man sieht, ist es tatsächlich notwendig, daß jeder, der von seiner Sache angetan ist und auch noch das Glück hat, einen guten Verleger zu finden, Bücher schreibt. Ohne das Buch würde sich gar nichts bewegen. Die Theologie und die Wissenschaft blocken ab. Über neue Ideen und Theorien kann es nicht genug gute Bücher geben. Bücher liefern den Gesprächsstoff. Und was Hartwig Hausdorf in diesem Buch mitzuteilen hat, ist bislang noch nicht geschrieben worden.

Ich wünsche Ihnen eine spannende Reise in den fernen Osten!

Erich v. Däniken

Einleitung:
Ein Loch in der Mauer

Ich arbeite in der Reisebranche. Mein Job ist es, den Kunden für ihre wertvollsten Wochen im Jahr zum passenden Urlaub zu verhelfen. Das kann immens viel Freude bereiten, insbesondere dann, wenn die Reise zu einem großen Erlebnis wurde. Doch auch selbst die Länder rund um diesen Globus zu bereisen, bringt eine Menge neuer Eindrücke und erweitert den eigenen Horizont ganz ungemein.

Seit mittlerweile 25 Jahren interessiert mich die Frage, ob unser Heimatplanet in der Vergangenheit Besuch von hochintelligenten Wesen aus dem Weltall, von Raumfahrern fremder, uns haushoch überlegener Zivilisationen bekommen hat. Die anfängliche und unkritische Begeisterung wich bald einer tiefen Skepsis. Ich sagte mir irgendwann, das sei mir doch zu phantastisch und zu weit hergeholt. Aber aus der fortgesetzten Beschäftigung mit dieser Materie wuchs in mir langsam aber sicher die folgende Erkenntnis: Eine unkonventionelle Sicht gewisser Dinge könnte weit mehr Wahrscheinlichkeit für sich in Anspruch nehmen, als jene andere, die immer nur streng die »natürlichen« und konservativen Erklärungen gelten läßt und dabei keinen Exkurs ins Phantastische duldet. Möglicherweise wird es nicht mehr allzu lange dauern, bis sich diese »naheliegenden« Erklärungen als am weitesten hergeholt erweisen werden. Das Beispiel der Grabplatte von Palenque macht deutlich, zu welchen Windungen in der Logik Zuflucht genommen wird, um eine möglichst im konservativen Rahmen

bleibende Erklärung einem höchst phantastischen Sachverhalt aufzupfropfen.
Wenn ich in diesem Buch den Schwerpunkt auf China und seine unmittelbaren Nachbarn gelegt habe, so sind es besondere Gründe, die mich dazu veranlaßt haben.
Schon immer hat mich dieser Kulturkreis fasziniert. Denn das Reich der Mitte ist der Ideenbringer der abendländischen Kultur. Eine Vielzahl unserer technischen Errungenschaften stammt von dort, zahlreiche uns selbstverständliche Erfindungen verdanken wir den Chinesen. Dazu kam noch die glückliche Gelegenheit, in den vergangenen Jahren ein paar Mal die Volksrepublik China bereisen zu dürfen. Wann immer es mir möglich war, habe ich nichts unversucht gelassen, auf diesen und auf anderen Reisen mehr über die hier erwähnten Rätsel und Ungereimtheiten in Erfahrung zu bringen. Der zweite Grund aber ist von ausschlaggebender Bedeutung.
Wenn es heute noch irgendwo auf der Welt handfeste Tatsachen zu entdecken gibt, die als Indizien für die Präsenz außerirdischer Astronauten auf der Erde angesehen werden können, dann stehen das Reich der Mitte und die schon immer geheimnisumwobenen Weiten Zentralasiens ganz oben auf der Liste der in Frage kommenden Gegenden. Obwohl die Chinesen seit frühesten Zeiten rege Handelsbeziehungen mit den benachbarten Völkern unterhielten, haben sie es doch ausgesprochen gut verstanden, sich trotzdem vom Rest der Welt abzuschotten. Kein anderes Volk auf diesem Planeten kam je auf die Idee, zum Schutz gegen Eindringlinge eine Mauer zu bauen, die schließlich so lang wurde, daß man sie als einziges je von Menschenhand errichtetes Bauwerk mit bloßem Auge vom Mond aus erkennen kann.
Ein noch weit spektakuläreres Monument harrt in der Pro-

vinz Shaanxi seiner Enträtselung. Eine gigantische Pyramide, gut 300 Meter hoch, wurde von Reisenden um die Jahrhundertwende beschrieben und von einem Piloten der US-Air-Force gegen Ende des letzten Weltkriegs fotografiert. Von einer Anzahl weiterer Pyramiden in den Bergregionen von Shaanxi wird berichtet. Erstmals war es möglich, für den Bildteil dieses Buches eine Aufnahme der »großen weißen Pyramide« und Fotos von zwei weiteren aus der Umgebung der Stadt Xian aufzutreiben.
So gut wie niemand weiß in unseren Breiten um deren Existenz! Denn Berichte aus China haben von jeher schwer ihren Weg in den Westen gefunden. Ob in den vielen Jahrtausenden, in denen eine kaiserliche Dynastie – die ihren Ursprung auf die »Himmelssöhne« und »göttlichen Lehrmeister« zurückführte – der jeweils vorangegangenen folgte, ob in diesem Jahrhundert, als blutige Umstürze und Revolutionen das fernöstliche Land in seinen Grundfesten erschütterten: stets hatte die Welt zu rätseln, was da in China vor sich ging. Selbst die seit dem Tode Mao Zedongs und dem Sturz der »Viererbande« betriebene Öffnung zum Westen hin geht mit größter Vorsicht und Zurückhaltung ihren Weg.
Gleiches praktizieren auch Tibet, das geheimnisvolle Land im Himalaya, und die Mongolei. Um deren unzählige Lamaklöster ranken sich noch heute wilde Legenden. Und Japan, bis es am Ende des Zweiten Weltkrieges durch Feuerzeichen, welche sein Gegenpol Amerika in zwei der bedeutendsten Industriestädten des Kaiserreiches setzte, mit brachialer Gewalt aus seiner »splendid isolation«, seinem selbstgewählten Einzelgängertum, gerissen wurde.
Ich will in diesem Buch aber nicht ausschließlich auf Indizien eingehen, die auf Besuche fremder Intelligenzen in vergangenen Zeiten hindeuten. Vielmehr möchte ich den Ver-

such machen, zu zeigen, daß diese Kontakte viel weiter in unsere geschichtlich erfaßten Zeiten hineingereicht haben. Möglicherweise finden diese Besuche auch heute noch statt. In den vergangenen Jahren wurden die Zusammenhänge zwischen der Präastronautik und der UFO-Thematik unserer jüngsten Gegenwart immer deutlicher.
Hier scheint sich etwas anzubahnen, irgend etwas muß im Gange sein. Denn eine wachsende Zahl ernstzunehmender Zeugen will in den letzten Jahren von »kleinen, grauhäutigen und häßlichen Wesen« in deren Flugobjekte entführt worden sein. Mittlerweile sieht es so aus, als ob viele dieser ungeheuerlichen Erlebnisse nicht länger einfach ins Reich der Fabel verwiesen werden können. Bei manchen bisher skeptischen Wissenschaftlern kündigt sich bereits ein Umdenken an.
Aus diesen Gründen hielt ich es für angebracht, in diesem Buch ein Kapitel über »Abductions«, wie die spektakulären Entführungen im Fachjargon heißen, einzufügen. Denn während der Arbeit wurde mir immer klarer, daß es mehr als deutliche Querverbindungen zu der Thematik gibt, die die anderen Abschnitte behandeln. Und ich hatte das Glück, auf einen bislang unveröffentlichten Fall aus unserem Land zu stoßen.
Doch erst einmal zurück nach China. Dort befleißigt man sich, was heutige Sichtungen unbekannter Flugobjekte angeht, einer liberalen Informationspolitik, die mancher westlichen Demokratie zur Ehre gereichen würde. Hier muß kein Geheimdienst auf Herausgabe von UFO-Meldungen verklagt werden, wie in den USA geschehen. Geht es jedoch um vergangene Zeiten, erreichen uns nur tropfenweise vage Informationen. Sie künden von höchst rätselhaften Funden hinter einer »Chinesischen Mauer des Schweigens«. Nach wie vor wird leider vieles dementiert oder tot-

geschwiegen, und bei uns im Westen überheblich als bloße Phantasie abgetan.
Was die Pyramiden in der Provinz Shaanxi und in der Gegend um deren Hauptstadt Xian betrifft, wird dies anhand der in diesem Buch veröffentlichten Fotos nicht mehr so leicht möglich sein. Und im Namen der zahlreichen anderen Rätsel und Geheimnisse fordere ich auf:
Reißen wir ein Loch in diese Mauer!

1 Söhne der gelben Götter: *Ein besonderes Erbe von den Vätern aus dem All?*

Die Angehörigen der »gelben« Rasse, also Chinesen, Mongolen, Tibeter und Japaner, um nur die zahlenmäßig wichtigsten aufzuführen, unterscheiden sich in ihrer Physiognomie deutlich von den anderen Menschenrassen, die unseren Planeten bewohnen. Das Lexikon spricht vom sogenannten mongoliden Rassenkreis und teilt diesen ein in Tungide, Eskimide, Sibiride und Sinide, wovon letztere die oben genannten Hauptgruppen stellen.

Es gibt eine geradezu unübersehbare Anzahl Völker im zentral- und ostasiatischen Bereich. Aus diesem Grund wäre es zum Beispiel falsch, von »den Chinesen« als einem einheitlichen Volk zu sprechen. Von den über eine Milliarde in China lebenden Menschen sind rund 93 Prozent Han-Chinesen, die ihre Ahnen auf die aus Nordchina stammende Han-Dynastie (206 v. Chr.–220 n. Chr.) zurückführen. Die restlichen sieben Prozent der Bevölkerung jedoch – etwa 80 Millionen Menschen, was ungefähr der Einwohnerzahl Deutschlands entspricht – sind auf zusammen 55 anerkannte Nationale Minderheiten verteilt. Diese haben ihre eigene Kultur, ihre eigene Sprache und oftmals sogar eine eigene Schrift. Die Zhuang stellen dabei mit einer Population von 13 Millionen die größte »Minderheit« dar, die Hezhe, die in der nördlichsten Provinz Heilongjiang leben, mit gerade 1400 Angehörigen die absolut kleinste. Gegenwärtig gibt es in China sogar eine knappe Million Menschen, die bisher keiner der bekannten Volksgruppen zuge-

ordnet werden konnten. Sie gehören rund 25 verschiedenen Stämmen an, die ständig darum bemüht sind, von der Regierung in Beijing (Peking) als Nationale Minderheit anerkannt zu werden.[1]
Allen diesen, dem mongoliden Kreis zugehörigen Völkergruppen scheint jedoch eines gemeinsam zu sein: Sie sind – mit wenigen Ausnahmen – weitaus kleiner und feingliedriger gebaut als die Vertreter der anderen Hauptrassen dieser Erde. Warum, woher dieser auffallende Unterschied? Stellt die gelbe Rasse womöglich die Abkömmlinge von Besuchern einer besonderen außerirdischen Spezies dar? Und hat sie vielleicht das Aussehen und die Besonderheiten der von den Sternen herabgekommenen »Götter« besonders gut bewahrt?
Zahlreiche Überlieferungen der Völker in diesem Gebiet berichten nicht nur vom Besuch, sondern verweisen auch auf eine Abstammung von den aus dem Weltraum auf die Erde gelangten Wesen, die ihnen Kultur und Zivilisation gebracht haben.
In der sogenannten »Chi«-Handschrift wird berichtet, daß China in grauer Vorzeit 18000 Jahre lang von einem Geschlecht göttlicher Herrscher regiert wurde, dessen Angehörige vom Himmel kamen. Andere Überlieferungen bezeichnen die Vorfahren der gelben Rasse als göttlichen Ursprungs. Sie sollen mit feurigen Drachen aus den Weiten des Raumes gekommen sein und von China aus den Planeten besiedelt haben.[2]
Aber nicht nur Mythen und Überlieferungen weisen auf Ungereimtheiten hin, Merkwürdiges steckt noch viel tiefer. Sogar in den Urformen der chinesischen Schriftzeichen findet man Anspielungen und Indizien auf eine Einflußnahme von außerhalb der Erde.

Das Schriftzeichen für »Himmel«

Die chinesische Schrift geht auf hieroglyphenartige Bildzeichen zurück, die vor etwa 5000 Jahren in Gebrauch kamen. Ursprünglich benutzte man sie, um in Knochen und Schildkrötenpanzer orakelartige Inschriften zu ritzen. Beispiele erster chinesischer Schriftzeichen fand man im Jahre 1899 in der Umgebung von Anyang in der südlich von Beijing gelegenen Provinz Henan. Tongefäße mit schematischen Abbildungen von Menschen und Tieren, die man in der Provinz Gansu gefunden hat, datiert man ebenfalls auf das dritte vorchristliche Jahrtausend.[1]

Stets lassen sich die chinesischen Schriftzeichen auf ein konkretes Symbol zurückführen, läßt sich die Entwicklung von der reinen Bilderschrift über verschiedene Zwischenstadien bis hin zu den heute gebräuchlichen, abstrahierenden Schriftzeichen erkennen. So ist in der ursprünglichen Bilderschrift die schematische Darstellung konkreter Gegenstände wie Werkzeuge und Waffen oder Lebewesen zu erkennen. Ein Hirsch oder ein Fisch oder eine Kröte, um nur einige Beispiele zu nennen, sind denn auch unschwer als solche zu identifizieren. Die Idiome für Ochse, Schaf, Hund und Kröte sind sogar in ihrer modernen Schreibform noch relativ leicht zu erkennen.

Warum aber ähnelt das ursprüngliche Zeichen für Himmel (»thien«) einem Strichmännchen mit dünnen Extremitäten und einem großen klobigen Kopf? Ist es Zufall, daß die primäre Bedeutung des Wortes Himmel »der vom Himmel gekommene« war? Es muß damals recht Beeindruckendes vor sich gegangen sein, wenn dieser Begriff mit einer so deutlichen Personifizierung versehen wird, die geradezu auf einen Besuch aus höheren Regionen hindeutet. Gab man auch hier exakt das Gesehene wieder? In diesem Fall ein konkretes

Wesen, das man dabei beobachtet hatte, wie es vom Himmel (sprich: aus dem All) auf die Erde herniederkam?
Mir fallen an dieser Stelle spontan die Mythen und Legenden aus dem Raume Baian-Kara-Ula ein, in denen von »kleinen, mageren Menschen, die aus den Wolken kamen«, berichtet wird. Sie trugen überdimensionale Köpfe auf ihren spindeldürren Körpern und wurden anfangs von den ortsansässigen Eingeborenen gejagt und massakriert. Skelettfunde in den Gebirgshöhlen in diesem Gebiet verleihen den Legenden zusätzliche Glaubwürdigkeit.
Den Begriff Himmel mit Naturereignissen wie Blitz und Donner oder ähnlichem zu assoziieren, wie es uns die Vertreter der konservativen Schule gern nahelegen würden, überzeugt nicht recht. Zu deutlich ist der Hinweis auf konkret dargestellte Wesenheiten, anstatt auf abstrakte Erscheinungen!

Fahrzeugpark der Thai

In der südlichen Provinz Yunnan leben die Thai (Dai), die mit etwa 900 000 Angehörigen eine der größeren Nationalen Minderheiten stellen. Die Thai sind eine eigenständige Völkergruppe innerhalb der Mongoliden und teilen sich auf in die Hauptgruppen Shan, Lao und Siamesen. Die letztgenannten bewohnen in der Hauptsache das Königreich Thailand, welches im Süden an China grenzt.
Die Abstammung des Thai-Volkes wird mit dem Weltraum in Verbindung gebracht. Der Wortstamm t'ai bedeutet wörtlich übersetzt soviel wie »ur«, »höchste«, T'ai-kung wird mit Weltall übersetzt, während T'ai-hsü der Begriff für den Weltraum ist.

Die Mythen dieser Völkergruppe, deren Ahnengalerie mit T'ai-Hao beginnt, der vor 5000 Jahren gelebt haben soll, stecken voller modern interpretierbarer Dinge. So wird beispielsweise von der Schildkröte Nai berichtet, sie habe einen dreibeinigen Unterbau besessen. Ein High-Tech-Gerät, eine Art Allzweckvehikel für schwieriges Terrain? Der metallene Fisch Ao soll wiederum wie ein Drachen ausgesehen haben und imstande gewesen sein, Feuer zu fressen. Und die »Thai-Eulen«, die als »Geisterwagen« nachts mit »hohlem Sausen« über den Horizont flogen, deuten wohl eher auf eine Fehlinterpretation technischer Objekte hin als auf die ebenfalls nachts aktiven Mäusejäger.[3]

Auf »leuchtenden Wiegen« zur Erde

Auf ähnliche Hinweise stößt man in Japan. Nach der Mythologie der noch vereinzelt auf der Insel Hokkaido anzutreffenden Ainus, die als Urbevölkerung des Inselreiches angesehen werden, kam der Gott Okiki-Rumi-Kammi in einer gleißend hell leuchtenden »shinta«, der traditionellen Wiege dieses mysteriösen Volkes, zur Erde herniedergefahren. Der besagte Schöpfergott habe die Ainus dann gelehrt, in der »rechten Art«, also seinen Gesetzen folgend, zu leben. In der Zeit seines Wirkens soll er auch noch einen bösen Dämon vernichtet haben. Merkwürdig in diesem Zusammenhang ist, daß auf den alten Kinderwiegen, die die Ainu-Handwerker fertigten, das Zeichen der Sonne abgebildet war.[4]

Verglichen die alten Ainus die Form des fliegenden Gefährtes, mit dem der legendäre Kulturbringer zu ihnen kam, deshalb mit einer Kinderwiege, weil diese den Umrissen des Götterfahrzeuges am nächsten kam? Oder steckt in der ganzen Sache eine tiefere Symbolik, daß das Raumschiff des Gottes, von dem die Ainus abzustammen behaupten, als die Wiege dieses Volkes angesehen wird?

Geheimnisvolles Volk der Jukagiren

In den Weiten Sibiriens, zwischen den Flüssen Jana und Kolima, zwischen dem arktischen Eismeer und der Gebirgskette von Verchojansk, leben die Jukagiren. Dieses Volk, das auf einem Breitengrad ansässig ist, der noch weit nördlicher liegt als Island, besteht nur noch aus einem Bruchteil seiner früheren Bevölkerung. Umsiedlung und andere Zwangsmaßnahmen haben während der kommunistischen Diktatur ihren Teil zur Dezimierung beigetragen.
Jene Jukagiren behaupten, von unförmigen Wesen aus dem Himmel abzustammen, die sich durch ihre Zauberkräfte in Menschen verwandelt hätten. Modern interpretiert: Bestünde der ganze Zauber hier im Ablegen eines voluminösen Overalls, aus dem sich ein menschenähnliches Wesen schält, würde der Sinn dieser Aussage sofort klar.
Seltsam sind auch ihre Begräbnisbräuche, die sie mit einer weiteren sibirischen Volksgruppe, den Jakuten, teilen. Sie stellen die Särge mit den Toten auf die Äste hoher Bäume oder auf eigens errichtete Gestelle. Dann singen sie das folgende Klagelied: »Schlaft, schlaft, bis die Geister auf ihren leuchtenden Wagen von den Sternen kommen werden.«[4,5]
Hinweise auf Besuche und Abstammung von den »Göttern« aus dem All sind natürlich nicht auf den zentralasiatischen Raum begrenzt, sie ziehen sich vielmehr als gemeinsames Merkmal aller Schöpfungsmythen rund um den Erd-

ball. So wissen die Überlieferungen der Piute-Indianer in Kanada von »Gitchi Manitu« zu berichten, dem Großen Geist, der einen mächtigen Donnervogel herabsandte, um einen Platz zu finden, an dem seine Söhne leben könnten. Der Donnervogel fand schließlich unsere Erde und brachte die Indianer hierher.

Die eingangs geäußerte Spekulation, ob die gelbe Rasse nicht auf eine ganz spezielle Gruppe von Besuchern aus dem Weltall zurückzuführen wäre, könnte möglicherweise durch besondere Fähigkeiten ihrer Vertreter etwas mehr Gewicht erlangen. Tatsächlich scheinen viele dieser Menschen über Dinge zu verfügen, die über das normale Maß dessen hinausgehen, was ein Mensch unserer Tage üblicherweise zu tun imstande ist. Einmal abgesehen von Angehörigen sogenannter primitiver Kulturen, die (noch) über Fähigkeiten verfügen, die wir in Ermangelung einer längst fälligen Erweiterung unseres naturwissenschaftlichen Weltbildes als paranormal definieren.

Galt Asien nicht schon immer als der Erdteil der Heiligen und Hexer, der Wunder und Mirakel?

Überwindung der Schwerkraft

Im November 1992 verbrachte ich einige Tage in Shanghai, der größten Stadt Chinas. Sie liegt mit ihren mittlerweile 20 Millionen Einwohnern 30 Kilometer landeinwärts am Huang-Pu-Fluß und gilt auch als drittgrößte Hafenstadt der Welt. Ich hatte Gelegenheit zu einem Besuch in einer Vorstellung der »Shanghai Akrobatik«, die weit über die Grenzen Chinas hinaus bekannt geworden ist.

Es ist atemberaubend, mit welcher Leichtigkeit manche der

Artisten der natürlichen Schwerkraft zu trotzen scheinen. Bald ertappte ich mich dabei, zu vermuten, einige dieser Menschen hätten ein vollkommen anderes Verhältnis zur Schwerkraft und zu den Gesetzen der Physik als wir Normalbürger. Gedanken, die dem Betrachter dieser unglaublichen Kunststücke durch den Kopf gehen. Sicher haben auch diese Akrobaten, genau wie ihre Kollegen in anderen Ländern, schwer und verbissen für ihre staunenswerten Auftritte trainiert. Aber könnte ihnen nicht irgend etwas zugute kommen, das wir hier mangels einer zutreffenderen Bezeichnung »Erbe der Götter« nennen könnten?

Merkwürdigerweise spielen alte chinesische Schriften auf eine Aufhebung der Schwerkraft an. So soll der Alchimist Liu An im zweiten vorchristlichen Jahrhundert ein Gebräu fabriziert haben, mit dem es möglich gewesen sein soll, die Wirkung der natürlichen Gravitation völlig aufzuheben. Menschen, die von dem Trank probierten, sollen sich mühelos in die Luft erhoben haben. Liu An selbst probierte mutig die Wirkung des Getränkes an sich aus.[3]

Haben wir es hier mit einem bewußtseinsverändernden Rauschmittel zu tun, hatte Liu An eine frühe Designerdroge kreiert? Oder war er mit Hilfe dieser Rezeptur tatsächlich in der Lage, eine Art Levitation zu vollführen? Von dieser Fähigkeit sollen die tibetanischen und mongolischen Lamas regen Gebrauch gemacht haben. Große Massen buddhistischer Pilger hatten Gelegenheit, bis zum 14. Jahrhundert im tibetischen Kloster von Chaldan die unverweste Leiche ihres Reformators Tsong Kaba etwa 20 Zentimeter frei über dem Boden schweben zu sehen.[4]

Hierzu kommt mir ein Ausspruch des SF-Autors Arthur C. Clarke in den Sinn: »Jede genügend weit entwickelte Technologie ist für den Betrachter, der auf einer niedrigeren Stufe steht, von Magie nicht mehr zu unterscheiden.«[6]

Stets einen Schritt voraus

Es macht doch recht nachdenklich, wenn man sich vergegenwärtigt, daß den Chinesen viele Errungenschaften, auf die unsere abendländische Kultur so stolz ist, bedeutend früher zur Verfügung standen als uns. Um welche Erfindung es sich auch immer handeln mag, meist waren uns die alten Chinesen um Nasenlängen voraus. Ohne die hervorragenden innovativen Leistungen dieses Volkes in irgendeiner Weise schmälern zu wollen, frage ich, ob die genialen Erfinder nicht auf eine Entwicklungshilfe irgendwelcher Lehrmeister zurückgreifen konnten, um ihren Kollegen auf der restlichen Welt so haushoch überlegen zu sein. Mit einer kleinen Auswahl an Beispielen will ich dies deutlich machen:

- Kompaß: Vor über 2000 Jahren wurde in China der Kompaß erfunden, während er in Europa erst im 13. Jahrhundert in der Seefahrt benutzt wurde.
- Papier: Bereits 100 v. Chr., während der Han-Dynastie, führten die Chinesen das Papier ein. Es wurde anfangs beim Waschen von Rohseide gewonnen, später verarbeitete man die Fasern der Flachspflanze. Erst im 12. Jahrhundert begann man in unseren Breiten mit der Papierherstellung.
- Dezimalsystem: China war das erste Land, welches das Dezimalsystem benutzte, 1000 Jahre früher als in Indien, wo es im vierten vorchristlichen Jahrhundert eingeführt wurde.
- Schießpulver: Um das Jahr 220 n. Chr. kam in China ein aus Salpeter, Schwefel und Holzkohlenstaub bestehendes Schießpulver in Gebrauch. In der Song-Dynastie ließ Kaiser Zheng-Zong (998–1022) in der damaligen Hauptstadt Kaifeng eine Pulverfabrik errichten. Erst im ausgehenden 12. Jahrhundert gelangte es ins Abendland. Es ist merk-

würdig, daß die Chinesen das Schießpulver anfangs nicht für militärische Zwecke benutzten, sondern für Feuerwerkskörper: An bestimmten Festtagen schickte man Raketen zu Ehren der Götter in den Himmel!

- Seismograph: Das erste Gerät zur Aufzeichnung von Erdbeben wurde vom Ingenieur Chang Heng im Jahre 132 n. Chr. konstruiert. Dieser Seismograph war ein achteckiges Gefäß mit acht Drachenköpfen, von denen jeder eine kleine Bronzekugel im Maul hatte. Darunter stand jeweils ein bronzener Frosch, in dessen offenes Maul die Bronzekugel fiel, wenn sich die Erde bewegte. Je nachdem, in welchem Froschmaul die Kugel landete, ließ sich die genaue Richtung des Epizentrums bestimmen. Bei uns in Europa wurde der erste Seismograph im 19. Jahrhundert konstruiert.

Elektrische Isolatoren?

Auch die Benutzung der Elektrizität dürfte im alten China nicht unbekannt gewesen sein. Im Norden der Provinz Hebei liegt die Stadt Chengde. Sie war einst während der Sommermonate die Residenz der chinesischen Kaiser. Die Besonderheiten Jehols, wie die Stadt früher auch genannt wurde, sind die vielen Tempelanlagen, die sich ringsum in einer malerischen Gartenlandschaft erstrecken.

Nördlich von Chengde liegt der Tempel Putuozongsheng Miao. Er wurde 1767 vollendet und ist eine genaue Kopie des Potala-Palastes in Lhasa – nur um einiges kleiner geraten. Rund um diese Potala-Kopie stehen seltsame, übermannsgroße Gebilde auf hohen Wehrmauern. Sie sehen heutigen Isolatoren sehr ähnlich, wie sie in den Elektrizitätswerken und Umspannstationen Verwendung finden. Besonders verblüffend an ihnen ist der obere, zur Spitze weisende Teil. Er ist ebenso geriffelt wie bei unseren Porzellan-Isolatoren. Eine überzeugende Erklärung, was diese seltsamen Geräte darstellen sollen, bekam ich in Chengde nicht. Es sollen Zeremonialgeräte sein, was immer man darunter auch verstehen mag.

Besondere Fähigkeiten, über die eine ganze Reihe von Chinesen zu verfügen scheinen, fallen in eine Sparte, die unsere Wissenschaft als paranormal einstuft. Zu Zeiten Mao Zedongs bestenfalls ignoriert - jegliche Manifestation des Metaphysischen war den damaligen Machthabern in Beijing suspekt -, befleißigt man sich im heutigen China einer besonders intensiven Erforschung parapsychologischer Phänomene. Und das nicht nur mit Duldung, sondern sogar mit ausgesprochen aufmerksamem Interesse und Förderung seitens der Obrigkeit. Besonders das Militär bekundet hier, wie überall auf der Welt, lebhafte Anteilnahme an Fortschritten auf diesem Gebiet.

Verschwunden und wieder aufgetaucht

Ich möchte dies an einem sehr spektakulären Beispiel zeigen, vor allem aus dem Grund, da ich auf einer meiner Reisen eine Vorführung geboten bekam, die im Grunde nur mit solch paranormaler Technik erklärbar scheint. Es geht um Experimente mit Teleportation. Der Fähigkeit einer Person also, auf rein psychischem Weg materielle Gegenstände nicht nur zu bewegen (Telekinese), sondern an einem Ort verschwinden und an einem anderen Platz wieder auftauchen zu lassen.

Sehr gute Erfolge erzielte eine unter anderem von den chinesischen Streitkräften geförderte Forschungsgruppe der Universität Beijing, die Experimente mit einigen jungen Psychokinesemedien unternahm. Die Aufgaben bei dieser Versuchsreihe, bei der auch Mitarbeiter des Instituts für Hochenergiephysik und des Instituts für Normenkontrolle beteiligt waren, bestanden darin, Minisender und hochgradig lichtempfindliches Fotopapier zu teleportieren.
Eine der Testpersonen hatte einen kleinen, batteriebetriebenen Peilsender in der Hosentasche und in einem an ihrem Körper befestigten und versiegelten Behälter untergebracht. Der Experimentator verlangte, diesen Peilsender, der ein ständiges Signal aussandte, innerhalb des Versuchsraumes beziehungsweise in einen Nebenraum zu teleportieren. Die Versuchsreihe wurde unter strengsten wissenschaftlichen Prämissen durchgeführt. Es wurde insbesondere sorgfältig darauf geachtet, daß die Versuchsperson mit ihren Händen nicht einmal in die Nähe des Testobjektes kam.
Im Verlauf dieser Testreihe verstrichen zwischen 24 Sekunden und 61 Minuten, um den kleinen Peilsender von seinem Platz verschwinden zu lassen. Bis zum Wiederauftauchen des Objekts benötigten die Psychokinesemedien zwischen null Sekunden und 24 Minuten.
Der an diesen Testserien maßgeblich beteiligte Forscher Dr. Lin Shu-Lung und seine Kollegen, Hsu Hung-Chang und Chen Shou Liang, verfolgten an einem Monitor die gesamte Zeit über aufmerksam das von einem Miniatursender abgestrahlte Peilsignal. Sie beobachteten während der Phase, in der das Objekt vermutlich dematerialisiert wurde, wilde Signalschwankungen auf ihrem Bildschirm. Zeitweilig verschwand das Signal sogar völlig von den Überwachungsgeräten.
Im Verlauf einer ähnlichen Versuchsreihe, die mit zwei Test-

personen durchgeführt wurde, forderten die Wissenschaftler die Medien auf, unbelichtetes Fotopapier aus einem versiegelten Beutel in einen ebensolchen, leeren Behälter zu bringen. Die Beutel wurden dabei mit Sicherheitsnadeln an ihren Jacken befestigt. Nun erhielt eine der beiden Versuchspersonen den Auftrag, das Fotopapier aus seinem Behälter in den leeren Beutel der anderen Person zu teleportieren. Das Unglaubliche geschah: Das Fotopapier verschwand aus dem einen und tauchte in dem anderen Behältnis - das bis dahin vollkommen leer war - wieder auf. Die Siegel der beiden Beutel waren absolut unversehrt. Als man den Empfängerbeutel in der Dunkelkammer öffnete, entdeckte man, daß das außerordentlich empfindliche Fotopapier noch immer unbelichtet war.[7]

Eine phantastische Vorführung

Am 28. November 1992 wurde ich selbst Zeuge einer Vorführung, die stark an die hier beschriebenen Experimente erinnert. Es waren meines Wissens zwar keine Wissenschaftler zu ihrer Überwachung dabei, aber die Anwesenheit einer großen Menge aufmerksamer Zeugen spricht gegen ein Täuschungsmanöver.

Im Verlauf der bereits erwähnten Vorstellung in der »Shanghai Akrobatik« trat ein Zauberkünstler auf, der ein Kunststück fertigbrachte, an dem sich die Illusionisten unserer Showbühnen einige Zähne ausbeißen dürften. Die Vorführung fand bei vollster Beleuchtung statt und unter den Augen hunderter, wortlos erstaunter Zuschauer.

Der Mann betrat die Manege mit einem jener übergroßen, batteriebetriebenen Radiorecorder aus japanischer Fertigung.

Er entnahm ihn seiner Originalverpackung, einem stabilen Pappkarton. Sein Assistent reichte ihm eine bespielte Tonbandkassette, die er in das Kassettenteil des Gerätes steckte, worauf es Musik in schönster Hifi-Qualität wiedergab. Aber das Ganze sollte kein Werbespot für japanische Radiorecorder werden. Nachdem er das spielende Gerät den Zuschauern rundum präsentiert hatte, steckte er es - noch immer in Funktion - in den bereitliegenden Pappkarton, der die ganze Zeit über unberührt neben ihm gelegen hatte.
Hunderte Augenpaare blickten auf den Mann. Ich selbst saß nur wenige Meter vom Ort des Geschehens entfernt, doppelt aufmerksam, immer in Erwartung eines gleich folgenden Ablenkungsmanövers. Dadurch würde es - darauf war ich gefaßt - dem »Magier« möglich sein, den Recorder unbemerkt verschwinden zu lassen. Ein bei Bühnenzauberern in unseren Breiten recht geläufiger Trick.
Doch was dann geschah, kann ich bis heute noch nicht fassen: Nicht ganz zehn Sekunden, nachdem der Deckel des Pappkartons geschlossen war, hörte das Gerät in seinem Inneren zu spielen auf. Vom Augenblick des Hineinlegens bis zum Zeitpunkt seines Verstummens war der Recorder, ebenso wie seine Schachtel, nur und ausschließlich in den Händen des Vorführenden. Die beiden Gegenstände wurden weder auf dem Boden noch auf irgendeinem Podest abgestellt. Was sich in der Manege abspielte, war vollkommen und von allen Seiten her einsehbar. Mit doppeltem Boden wurde nicht gearbeitet. Als der Mann die Schachtel öffnete, war sie vollkommen leer!
Nachdem er die leere Schachtel seinem staunenden Publikum präsentiert hatte, verschloß er sie aufs neue. Dieser Vorgang lief genauso einsehbar ab wie alle anderen im Verlauf dieser bewundernswerten Vorstellung. Es vergingen abermals kaum zehn Sekunden, dann hörte man den Recorder

wieder spielen. Der Zauberkünstler zog das rematerialisierte Gerät aus dem Karton.
Die faszinierende Darbietung und der tumultuarische Applaus, der darauf folgte, hinterließ sicher nicht nur bei mir einen bleibenden Eindruck. Zugegeben, ich konnte mir auf die Sache so recht keinen Reim machen, bis mir der Bericht über die Experimente des Pekinger Forschungsteams mit der Teleportation in die Hände kam. Jetzt bin ich von dem Abend in der »Shanghai Akrobatik« doppelt beeindruckt.
Mit diesem Abstecher ins Gebiet der Parapsychologie und der Paraphysik will ich auf eine wichtige Fragestellung hinweisen. Haben die kosmischen Lehrmeister, die in der Abstammungsreihe auch der gelben Rasse auftauchen, dieser eine Reihe von außergewöhnlichen Fähigkeiten hinterlassen, die hier und da zutage treten? Immerhin steht die Parapsychologie mit der Präastronautik dergestalt in Verbindung, daß man jenen fortgeschrittenen Kulturen und ihren Abgesandten auch die Anwendung paranormaler Techniken zugesteht. Die Mythologien vieler Völker rund um die Erde scheinen dies auch zu bestätigen.[8]
Nachdem die »Götter« uns Menschen nach ihrem Ebenbild schufen, warum sollten sie ihren Geschöpfen nicht auch Mittel und Möglichkeiten auf den Weg gegeben haben, die sich in nicht allzu ferner Zeit als ganz natürliche Fähigkeiten hochentwickelter Gesellschaften erweisen werden!

Nackt im ewigen Eis

Ich möchte diese Betrachtungen mit einem weiteren, in den Schneewüsten des Himalaya von sogenannten heiligen Männern vorgeführten Phänomen beschließen. In die Literatur

hat es als der »warme Mantel der Götter« Eingang gefunden.
Tumo (die exakte Schreibweise ist Gtummo) ist die tibetische Bezeichnung für die Fähigkeit, auf paranormale Weise Körperwärme zu erzeugen. Meister des Tumo sollen fähig sein, in den eisigen Regionen des Himalaya einen ganzen Winter lang unbekleidet zu überleben, ohne zu frieren oder gesundheitlichen Schaden zu nehmen.
Bei diesen Praktiken gibt es mehrere Grade, die zu erreichen der Tumo-Novize anstrebt. Die vorbereitenden Übungen müssen täglich im Morgengrauen anfangen und noch vor Sonnenuntergang beendet sein. Die Aspiranten sind dabei unbekleidet oder bestenfalls in ein ganz dünnes Baumwollgewand gehüllt. Anfänger dürfen sie sich dabei auf ein Brett oder eine Matte setzen, dagegen müssen die fortgeschrittenen Aspiranten auf der bloßen Erde oder sogar im Schnee sitzen. Während der Übungen ist jede Flüssigkeits- oder Nahrungsaufnahme streng verboten.
Ziel dieser für uns unverständlichen Tortur soll sein, den durch die Nacktheit bedingten Wärmeverlust mit der Erzeugung besagten Tumos auszugleichen. Darüber hinaus müssen die Zöglinge, wenn sie einen höheren Grad erreicht haben, auch noch soviel Körperwärme erzeugen, um nasse Tücher, die ihnen aufgelegt werden, zu trocknen. Dieser Grad des Tumo muß in der Nacht, zwischen Sonnenuntergang und dem Sonnenaufgang, durchgeführt werden.
Die fortgeschrittenen Schüler setzen sich unbekleidet auf den Boden und werden von Helfern mit in Eiswasser getauchten Tüchern umwickelt. Ihre Aufgabe ist es nun, die bei Temperaturen deutlich unter dem Gefrierpunkt steif gewordenen Tücher an ihrem Körper wieder aufzutauen und trocknen zu lassen. Sobald dies geschehen ist, beginnt das Spiel von neuem. Es erscheint unvorstellbar, aber geübte

Tumo-Meister sollen es geschafft haben, im Verlauf einer einzigen Nacht bis zu 40mal die Tücher zu trocknen.[9, 10]
Bei uns werden solche Berichte nur zu gerne als Phantasie abgetan, vor allem, weil derartige Praktiken unserer Physis mehr als abträglich sind. Aber auch ein Fakir läßt sich nicht leugnen, indem man sich selbst unter Schmerzen von einem Nagelbrett durchbohren läßt. Und so hält dieser Kontinent Asien mit Sicherheit noch einige Überraschungen für uns bereit, sei es in bezug auf seine Bewohner, deren Kultur oder deren Vergangenheit. Was bisher aus den unergründlichen Tiefen der grauen Vorzeit dieser Region zu uns gedrungen ist, klingt zum Teil so unglaublich, daß es Wissenschaftler im Westen lieber ignorieren, unterdrücken und totschweigen würden.
In den folgenden Kapiteln will ich mehr über solch spektakuläre Entdeckungen und Begebenheiten berichten.

2 Baian-Kara-Ula: *Eine Bestandsaufnahme*

Ungefähr Mitte der sechziger Jahre – verschiedene Buchautoren[4,11], die die Paläo-Seti-Hypothese vertreten, geben das Jahr 1965 beziehungsweise 1968 an – erreichte unsere westliche Welt die Kunde eines vollkommen bizarren archäologischen Fundes. Er wurde bereits ein Vierteljahrhundert zuvor in der Volksrepublik China gemacht und ist imstande, eine Reihe festgeschriebener Lehrmeinungen orthodoxer Altertumsforschung glatt über den Haufen zu werfen, als überholt hinzustellen. Die damals in monatlichem Turnus erscheinende populärwissenschaftliche sowjetische Zeitschrift »Sputnik« brachte einen Bericht über eine gegen Ende der dreißiger Jahre in einer unzugänglichen Gebirgsregion Chinas gemachte Entdeckung. Diese betraf die Hinterlassenschaft einer Gruppe von mutmaßlich außerirdischen Wesen, die offensichtlich aufgrund eines technischen Versagens ihrer Raumfahrzeuge zur Notlandung auf unserem Planeten gezwungen wurde.

An dieser Stelle möchte ich erst noch einige Erklärungen zum publizistischen Umfeld der damaligen Veröffentlichung vorausschicken. Die Zeitschrift »Sputnik« war in den fünfziger und sechziger Jahren, wie auch der »Russische Digest« und »Sowjetunion heute«, eine Art Sprachrohr, welches damals viel Gedankengut auch unpolitischer Art aus der Welt hinter dem eisernen Vorhang in den westlichen Ländern publizierte. Selbst die mittlerweile so populär gewordene Idee der Götter-Astronauten ist hier aufgegriffen worden, nicht lange bevor sie bei uns in der Hauptsache von Erich von Däniken, Robert Charroux und anderen Vertretern des Phantastischen Realismus bekannt gemacht wurde. In Osteuropa taten dies in erster Linie der heute in den Vereinigten Staaten lebende russische Professor Matest M. Agrest und sein Landsmann, der Schriftsteller und Philologe Wjatscheslaw Saitsew. Sie spekulierten in den Jahren 1960/61 anhand einer Reihe augenfälliger Kulturkuriosa über die Möglichkeit der Einflußnahme durch außerirdische Astronauten.

Als hauptsächliche Argumente und Indizien für ihre Hypothese führten sie seinerzeit unter anderem die ihrer Meinung nach nuklear erfolgte Vernichtung von Sodom und Gomorrha ins Feld, ebenso die gigantische »Landeplattform« von Baalbek im Libanon. Des weiteren die seltsamen Tektiten – angeblich radioaktiv strahlende, schwarze, glasartige Steine, deren Herkunft noch immer strittig ist –, welche häufig im Vorderen Orient, aber auch an vielen anderen Orten der Welt gefunden werden. Sie weisen eine verblüffende Übereinstimmung mit jenen Verglasungen von Gestein auf, wie sie bei nuklearen Testexplosionen entstanden sind.[12]

Doch zurück zu unserer Geschichte. Kurze Zeit nach ihrer Veröffentlichung in »Sputnik« wurde die Sensationsstory dann bei uns im Westen publik. Die belgische Zeitschrift »BUFOI« (Belgian UFO Investigator, eines der damals recht zahlreich aus dem Boden sprießenden Mitteilungsorgane der ebenso zahlreichen privaten UFO-Forschungsgesellschaften) sowie die esoterische deutsche Publikation »Das vegetarische Universum« griffen die Angelegenheit unter Berufung auf sowjetische und japanische Quellen wieder auf.

UFO-Havarie vor 12000 Jahren?

Es handelt sich um den Forschungsbericht des damaligen Professors an der Pekinger Akademie für Vorgeschichte, Tsum Um-Nui, der unter folgendem etwas überladenen Titel erschien: »Rillenschriften, Raumschiffe betreffend, die, wie auf den Scheiben aufgezeichnet ist, vor 12000 Jahren existierten.« Die Geschichte wurde in den Folgejahren zu einem Paradepferd der präastronautischen Forschung. Sie hat seither nichts von ihrem bizarren und spektakulären Charakter verloren. Ganz im Gegenteil: Je mehr Details ans Licht kommen, um so mehr neue Fragen tauchen auf.

Was war da so Außergewöhnliches vorgefallen? Es war in den Jahren 1937/38, als der chinesische Archäologe Chi Pu-Tei mit einigen Mitarbeitern eine Expedition in eine der abgelegensten Bergregionen Chinas unternahm. Es gibt mehrere Bezeichnungen für sie: Payenk-Ara-Ulaa, Bayan Har Shan oder Baian-Kara-Ula. Letztere ist zwar nicht korrekt, aber um so gebräuchlicher und in die einschlägige Literatur eingegangen. Daher verwende auch ich sie in den nachfolgenden Ausführungen. Die Region liegt auch nicht im chinesisch-tibetanischen Grenzgebiet, wo sie genauso oft falsch lokalisiert wurde und was ein Blick auf die Landkarte deutlich macht, sondern beiderseits der Provinzgrenzen von Quinghai und Sichuan. Dabei erstreckt sie sich von 96 bis 99 Grad östlicher Länge und von 33 bis 35 Grad nördlicher Breite. Von der Größe her nimmt sie in etwa die Fläche der ehemaligen DDR ein.

In diesem Gebiet entspringen die Flüsse Ya-Lung und Yang-Tze sowie der Mekong, der danach in südlicher Richtung fließt und die Lebensader Vietnams darstellt. Die Berge hier sind über 5000 Meter hoch, aber in den Tälern, noch immer bis 2000 Meter hoch gelegen, wird es im Som-

mer angenehm warm. Wissenschaftler glauben, daß es hier vor etwa 20 000 Jahren weitaus wärmer war. Auf jeden Fall weisen Spuren menschlicher Besiedlung in prähistorische Zeiten zurück.
Ein amüsantes Faktum am Rande: Nördlich der Hauptkette jenes Baian-Kara-Ula-Massivs liegt eine Seengruppe mit der vieldeutigen Bezeichnung »Sternen-Meer«.

Skelette von außerirdischen Wesen?

In einer Reihe von Felshöhlen in diesem Gebiet entdeckten die Archäologen um Professor Chi Pu-Tei während der 1937/38er Expedition exakt ausgerichtete Reihengräber. In diesen Gräbern wurden die Skelette zahlreicher Geschöpfe gefunden, deren durchschnittliche Körpergröße mit knapp 1,30 Meter weit unter der der meisten Rassen und Volksgruppen auf diesem Planeten lag. Nur die Pygmäen in den Regenwäldern Zentralafrikas lassen sich, was die Größe betrifft, zu einem Vergleich heranziehen. Die Anatomie der unbekannten Wesen läßt sich am treffendsten wie folgt charakterisieren: ein äußerst feingliedriger Körperbau in Verbindung mit schmalen Schultern und dünnen Extremitäten. In manchen Quellen[4] wurde dieser als schwach und rachitisch bezeichnet. Zutreffender wäre sicher der Vergleich mit dem außerordentlich leichten, dabei aber gleichzeitig unglaublich festen und belastbaren Knochenbau der Vögel beziehungsweise der flugfähigen Säugetiere. Ihre Köpfe waren ausgesprochen überproportioniert. Sie wirkten durch ihre monströse Größe auf den viel zu kleinen Körpern mißgestaltet und fremdartig – eben wie aus einer anderen Welt stammend. Genauso wie die zahlreichen Geschöpfe, die in

unseren Tagen für die unzähligen Entführungsfälle (»Abductions«) verantwortlich gemacht werden!
Uralte Sagen und Legenden aus diesem Teil Chinas wissen denn auch von kleinwüchsigen und mageren gelben Wesen zu erzählen, die aus den Wolken kamen und wegen ihrer auffallenden Häßlichkeit und absoluten Andersartigkeit von Angehörigen der umliegenden, angestammten Volksgruppen gnadenlos attackiert und massakriert wurden.[13]
Selbst in jüngster Zeit stehen die Höhlen in dieser Bergregion bei der äußerst abergläubischen und mißtrauischen Bevölkerung unter einem Tabu. Das ist auch der Grund, warum die Relikte bis zu ihrer Entdeckung Ende der dreißiger Jahre ungestört blieben und von Grabräubern nicht angerührt wurden.
Die Anthropologen ordneten die Skelettfunde den Dropas und den Khams zu, zwei Gebirgsstämmen aus dem Baian-Kara-Ula-Gebiet, deren körperliche Charakteristika mit den oben beschriebenen übereinstimmen. Sie entzogen sich aber jeder weiteren ethnologischen Einordnung. Das Alter der Skelette wurde auf ungefähr 12 000 Jahre datiert.

Kopfzerbrechen über die steinernen Scheiben

Als eigentliche Sensation sollten sich jedoch jene 716 steinernen Scheiben erweisen, die den in den Höhlen bestatteten Toten als Beigabe in die Gräber gelegt wurden. Älteren Schallplatten nicht unähnlich, waren diese etwa einen Zentimeter dicken und im Durchmesser bis zu 30 Zentimeter messenden Steinteller in der Mitte mit einem runden und fingerdicken Loch versehen. Auch Rillen fehlen nicht. Im Gegensatz zu unseren zeitgenössischen Tonträgern führen

diese jedoch, vom Mittelloch ausgehend, doppelt spiralförmig zum Rand der Scheibe. Zwischen die Doppelrillen eingravierte Zeichen stellen die seltsamste Art von Schrift dar, die jemals ans Licht des Tages gekommen ist.
Diese Gravuren bescherten den chinesischen Archäologen mehr als 20 Jahre Arbeit und Kopfzerbrechen. Erst 1962 gelang es einem Team von fünf Wissenschaftlern an der Beijinger Akademie für Vorgeschichte unter der Leitung von Professor Tsum Um-Nui, einige Fragmente der Inschriften weniger Teller zu entziffern. Die Rillen-Hieroglyphen erzählen das Abenteuer gestrandeter Weltraumfahrer, das sich zu einer Zeit ereignete, in der es vom Standpunkt unserer klassischen Geschichtsschreibung unmöglich eine bemannte Raumfahrt gegeben haben kann. Nach jenen Chronisten, die ihre Mitteilungen für die Nachwelt den steinernen Scheiben anvertraut haben, sei eine Gruppe ihres Volkes vor von heute zurückgerechnet 12000 Jahren auf den dritten Planeten dieses Sonnensystems verschlagen worden. Leider seien ihre Raumschiffe bei der Landung in der unwegsamen Gebirgsregion schwer beschädigt worden. Die Reparatur oder der Bau neuer Fahrzeuge wurden durch den Mangel an Material und der dazu notwendigen Infrastruktur vereitelt. Gestrandet in einer für sie vollkommen fremden Welt, waren sie gezwungen, sich im Gebiet von Baian-Kara-Ula anzusiedeln. Schenkt man den eingangs erwähnten Legenden des Landstriches Glauben, so waren sie darüber hinaus auch noch durch die Aggressionen ihnen feindlich gesonnener Stämme der Umgebung an Leib und Leben gefährdet.
Die etablierte Wissenschaft nahm diesen phantastisch klingenden Bericht – als er im Jahre 1965 endlich gegen den heftigen Widerstand der Akademie für prähistorische Forschung zunächst in Japan veröffentlicht wurde – schlicht-

weg als Provokation auf. In China und der Sowjetunion wurde er widerstrebend zur Kenntnis genommen. Die chinesischen Archäologen rieten aufgrund der Widersprüchlichkeit des Berichtes zu äußerster Vorsicht bei dessen Interpretation. Im Westen wurde (und wird auch heute noch weitgehend) das Forschungsergebnis des fünfköpfigen Archäologenteams glatt ignoriert oder als Phantasieprodukt abgetan. Zumal der Bericht nicht in das gängige Weltbild zu passen scheint, wurde er auch aktiv diffamiert, diejenigen, die die Stirn hatten, darüber zu publizieren, nicht für voll genommen. Und Professor Tsum Um-Nui, der Mann, der wertvolle Jahre seines Lebens der Enträtselung des Steinteller-Geheimnisses gewidmet hatte, verstarb nicht allzu lange nach der Veröffentlichung seiner Arbeit, verbittert und von der wissenschaftlichen Welt als unglaubwürdiger Spinner abgestempelt.
War dies das Ende der Story um die rätselhaften Hinterlassenschaften von Baian-Kara-Ula? Nein, denn die Botschaft der steinernen Platten an uns – oder für wen sie auch immer bestimmt war – beschränkt sich nicht nur auf den in den Rillen-Hieroglyphen verewigten Bericht. Um die Artefakte einer noch gründlicheren Erforschung zu unterziehen, überstellte man in der Zwischenzeit einige Exemplare nach Moskau. Die mit ihrer Untersuchung betrauten sowjetischen Wissenschaftler machten dabei eine Reihe verblüffender Entdeckungen.
Die chemische Analyse ergab unter anderem einen auffallenden Anteil an Kobalt. Dieses wie Eisen und Nickel gleichfalls magnetische Metall wird heute hauptsächlich für Legierungen mit Chrom, Stahl u.a. verarbeitet. Als Begleiter von Nickel in Erzen wird es vor allem in Kanada und Zentralafrika gewonnen. In China kommt es in abbauwürdigen Lagerstätten nur in der Provinz Quinghai vor, auf de-

ren Gebiet die Baian-Kara-Ula-Region liegt. Ich vermute, daß jene Gruppe von Außerirdischen, die der Nachwelt die 716 Steinteller hinterließ, den Kobaltanteil mit voller Absicht den Steinplatten zusetzte. Wie heute Kobalt in der Industrie verarbeitet wird, um Spezialwerkzeuge zu härten, wollte man damals die Informationsträger widerstandsfähiger machen, damit sie den folgenden Jahrtausenden trotzen und ihren Adressaten letztlich ihre unglaubliche Botschaft übermitteln konnten.

Eine gewagte Spekulation am Rande: Dem Chemiker ist bekannt, daß das Element Kobalt auch ein hochgradig radioaktives Isotop besitzt. Sollten sich Spuren hiervon auch in den Tellern nachweisen lassen, wäre das vielleicht ein weiteres Indiz dafür, daß uns eine technisch weit fortgeschrittene Zivilisation absichtlich Spuren hinterließ, die uns sagen sollten: »Wir waren hier.«

Was den durch die sowjetischen Forscher festgestellten Kobaltanteil angeht, stellt sich die Frage: Mit welchen, dem damaligen Stand der Technik sicher überlegenen Methoden wurde dieser zugesetzt?

Zwei Informationssysteme auf den Scheiben?

Die analysierten Beimengungen, neben dem Kobalt auch Aluminium und Silizium, könnten in den Rillen eine Art magnetischer Spur bilden, ähnlich unseren Tonbändern. So wurde auch schon die Spekulation geäußert, ob diese Scheiben nicht zwei Arten von Aufzeichnungen enthielten. Die erste, aus den Schriftzeichen bestehende, von denen ein kleiner Teil bisher grob entziffert werden konnte. Und eine zweite, eingebettet in diese metallhaltigen Rillen. Eine magnetische Aufzeichnung, die immer noch auf ihre Entdeckung wartet?[14]

Jene zweite, subtilere Art der Informationsübermittlung hätte dann die Absicht gehabt, nach Tausenden von Jahren, wenn die Menschheit intellektuell und technisch genügend fortentwickelt ist, dieser ihre phantastische Vergangenheit vor Augen zu führen. Oder den Angehörigen der eigenen Rasse, die die Gestrandeten irgendwann suchen würden, einen Bericht über ihr hier erlittenes Schicksal zukommen zu lassen.

Vielleicht kann uns hierzu eine andere, in Moskau an den Steintellern gemachte Entdeckung einen Hinweis geben. Den Wissenschaftlern fiel eine seltsame Einzelheit auf: An einen Oszillographen angeschlossen, vibrierten die Fundstücke in einem ungewöhnlich hohen Rhythmus, genau so, als enthielten sie ein sehr starkes elektrisches Potential. Oder als wären sie einst einer enorm hohen Feldstärke ausgesetzt gewesen. Diese kreisrunden Steine, deren Alter auf mindestens 12000 Jahre geschätzt wird, sind und bleiben eine Herausforderung an die Wissenschaft.

Der Fundort der Steinteller hält indes noch weitere Rätsel bereit. Denn in einigen Höhlen von Baian-Kara-Ula wurden seltsame Wandzeichnungen entdeckt. Auf diesen sind Darstellungen unserer Sonne, des Mondes, einiger Sterne und unserer Erde durch Linien aus erbsengroßen Punkten miteinander verbunden.[4,13]

Sollten sie den Weg aufzeigen, der für eine Gruppe fremder Astronauten zu einem Weg ohne Wiederkehr wurde? Der mit der unfreiwilligen Notlandung dieser Wesen in dem weglosen Gebirge, so wie es die Scheiben zu berichten wissen, und der Tragödie, von den Ureinwohnern abgeschlachtet zu werden, endete?

Führt eine Spur nach Fergana?

Könnte das Wissen um die Vorgänge in diesem entlegenen Teil der Welt auch anderswo präsent gewesen sein? Eine wenngleich nicht unumstrittene Spur scheint in das heutige Usbekistan zu führen, in jüngsten Tagen noch eine Teilrepublik der zerfallenen Sowjetunion. Etwa zweieinhalbtausend Kilometer Luftlinie nordwestlich von Baian-Kara-Ula, am Rande der nach ihr benannten und von den Ausläufern des Tien-Shan-Gebirges im Osten, der kirgisischen Berge im Norden und der Alai-Kette im Süden begrenzten Tiefebene, liegt die Industriestadt Fergana. Unweit der Stadt entdeckte man - will man einem erstmals 1968 in »Sputnik« erschienenen Bericht Glauben schenken - eine höchst sonderbare Felszeichnung, von der eine künstlerische Rekonstruktion bekannt geworden ist.

Vor dem Hintergrund einer durch einige Berggipfel angedeuteten Hochgebirgskette steht eine gedrungene Gestalt in einer Art Raumanzug. Darüber, vor der stilisiert gezeichneten Sonne, verharrt ein Objekt in der Schwebe. Ein Zeitgenosse unseres ausgehenden 20. Jahrhunderts würde es, ohne zu zögern, als UFO in seiner klassischen Form bezeichnen. Kleinere Kugeln sollen wohl andere Himmelskörper darstellen. Das kleine Wesen unter dem UFO ist auch mit allen Attributen eines Weltraumfahrers ausgestattet. Nicht einmal die Antennenstäbe, die aus dem Helm ragen, fehlen.

Unheimlich aber wird es bei der großen Figur links im Vordergrund. Sie trägt gleichfalls einen Helm. Sollte das Bild auf einer authentischen Vorlage beruhen, dürfte der Künstler, der die Felszeichnung schuf, gewisse perspektivische Schwierigkeiten bei der Darstellung gehabt haben. Womöglich irritierten ihn Lichtreflexe am Visier des Helmes, man-

gels technischen Wissens wußte er wohl nicht, was er da verewigte. Klar erkennbar sind jedoch der Schließmechanismus des Visiers sowie eine Art Ventil oder Schlauchstutzen im Halsbereich. Letzterer könnte vermutlich ein Teil zur Versorgung des unbekannten Wesens mit dem passenden Gasgemisch für seine Atmung gewesen sein. Ebenfalls deutlich kann man die großen, schräggestellten und mandelförmigen Augen im Gesicht dieses merkwürdigen Geschöpfes ausmachen.
Wer weiß eine Antwort darauf, ob es Zufall ist, daß solche Augen immer wieder in den Schilderungen der Opfer von modernen UFO-Entführungsfällen vorkommen?
Obwohl das Gesicht einen perspektivisch verunglückten Eindruck macht, sind andere Details äußerst exakt wiedergegeben. Das spektakulärste an der ganzen Darstellung: In der linken, eindeutig durch einen Handschuh geschützten Hand hält dieses offensichtliche Weltraumwesen eine Art Scheibe. Mit angedeuteten Rillen, die spiralförmig vom Mittelpunkt der Platte zu deren Rand laufen: ein Steinteller aus Baian-Kara-Ula!
Ich gebe diese Information mit einer gewissen Skepsis weiter. Denn laut einer Mitteilung des bereits erwähnten Schriftstellers W. Saitsew stellt das Bild – ich gebe es im Fototeil dieses Buches wieder – keine Freske aus der Umgebung von Fergana dar. Ein sowjetischer Künstler habe es geschaffen, wobei hier die Frage zu stellen ist, ob es sich lediglich um ein Phantasieprodukt handelt oder ob tatsächlich als Vorbild die spektakuläre Felszeichnung existiert.[15]
Doch zurück von diesem Exkurs ins Reich der Mitte, wo noch immer das Rätsel um die 716 Artefakte auf seine abschließende Klärung wartet. In den siebziger Jahren setzten sich Erich von Däniken[16] und Peter Krassa[17] auf die Fährte der mittlerweile zur Berühmtheit gewordenen corpus delicti –

und des Forschungsberichts Tsum Um-Nuis, der ja auch noch in irgendwelchen Archiven stecken mußte. Da sich das rote Riesenreich damals – und was Rätsel dieser Art betrifft, auch heutzutage noch – gerne hinter einer chinesischen Mauer des Schweigens verschanzte, war an eine offizielle Verlautbarung aus Beijing nicht im entferntesten zu denken.

Was geschah mit dem Forschungsbericht?

Es liegt durchaus im Rahmen des Möglichen, daß die Unterlagen über die Expedition von 1937/38 und die Arbeiten Professor Tsum Um-Nuis während der Wirren der berüchtigten Kulturrevolution zerstört wurden oder verschwanden. Das Material könnte damals sehr wohl als subversiv und gegen die kommunistische Ideologie gerichtet eingestuft worden sein. Die 1966 begonnene und in ihren letzten Auswirkungen eigentlich erst Mitte der siebziger Jahre beendete Säuberungswelle wurde von Studenten und Roten Garden getragen. Die bürgerkriegsähnlichen Wirren und gewalterfüllten Ausschreitungen dieser »großen proletarischen Kulturrevolution« brachten Tod und Schrecken über China. Die Zahl der Toten, die sie forderte, ist nicht annähernd zu bestimmen, und auch ungezählte Kulturschätze fielen ihr zum Opfer.
Auf dem Höhepunkt dieser Bilderstürmerei wurden in Japan und in Europa Einzelheiten des Steinteller-Berichtes veröffentlicht. Was nimmt es Wunder, wenn sich der wütende Pöbel nicht an diesem Symbol »bourgeoiser Dekadenz« vergriffen hätte. Jegliche Gedanken an außerirdische Eingriffe standen der streng materialistischen Weltanschauung der marxistischen Ideologen genau entgegen.

Ein letztes Aufflammen erreichte die Kulturrevolution, als Mao Zedong im September 1976 starb. Seine Witwe Jiang Qing, der stellvertretende Parteivorsitzende Wang Hongwen, der Shanghaier Parteiführer Zhang Chunqiao sowie der ehemalige Redakteur Yao Wenyuan versuchten, die Führungsmacht im Staate und in der Partei an sich zu reißen. Yao Wenyuan tat sich während der Revolutionswirren besonders hervor. Er war verantwortlicher Initiator einer Anti-Konfuzius-Kampagne, setzte sich gegen die gemäßigten Kräfte in der Staatsführung ein und sorgte für Hetzkampagnen, wobei er die unter seiner Kontrolle stehenden Massenmedien einsetzte.
Erst der Sturz dieser sogenannten Viererbande im Oktober 1976 bereitete dem gewalttätigen Spuk ein Ende. Langsam begann sich das Leben im roten Riesenreich wieder zu normalisieren.
Wer heute durch die Volksrepublik China reist und Museen, Pagoden und Tempel besucht, bekommt nicht selten zu hören, daß diese nur durch Mut und beherztes Eingreifen – oft genug unter Gefahr für Leib und Leben – vor den herannahenden Roten Garden und ihrer ungebändigten Zerstörungswut gerettet wurden. So konnten zum Glück viele Kulturschätze die schweren Zeiten überstehen. Ohne diese wäre das heute aufstrebende Touristenziel China um einige Attraktionen ärmer.

Zwei Scheiben in Xian aufgetaucht

Was unsere Steinteller betrifft, steuerte der Zufall, wie so oft im Leben, eine wichtige neue Spur bei. Sie führt in die zentralchinesische Stadt Xian.

Xian war während elf Dynastien beziehungsweise über einen Zeitraum von 1080 Jahren Hauptstadt des kaiserlichen China. Heute Hauptstadt der Provinz Shaanxi, ist sie eine reichhaltige Schatzkammer an Pretiosen vornehmlich aus der Qin-, der Tang- und der Ming-Dynastie. Am Ende der legendären Seidenstraße gelegen, wurde sie schon früh zu einem bedeutenden Handelszentrum im Fernen Osten.
Heute hat sich Xian (ausgesprochen: shi-ahn) als Touristenziel erster Güte einen Namen erworben. Im Verlauf einer Studienreise nach China darf sie ebenso wenig fehlen wie der Besuch eines der drei restaurierten und für Besucher freigegebenen Abschnitte der großen Mauer oder der unvergleichlichen Flußlandschaft bei Guilin.
Der Kaiser Shi Huangdi (259–210 v. Chr.) aus der Qin-Dynastie hat schon im blühenden Alter von 17 Jahren sein späteres Mausoleum geplant. Offensichtlich machte er sich mehr Gedanken um sein jenseitiges Wohlergehen denn um sein diesseitiges. Zum Schutz seiner ihm heiligen Grabruhe ließ er eine gewaltige Anzahl von Pferden, Wagen und bewaffneten Kriegern aus Ton brennen und weitläufig um seine letzte Ruhestätte aufstellen. Unter der Bezeichnung »Terrakotta-Armee« ging dieses Kunstwerk, das im Jahre 1974 zufällig beim Bohren von Brunnen für ein Bewässerungsprojekt entdeckt wurde, in die archäologische Terminologie und in die einschlägigen Reiseprospekte ein. Die bislang ausgegrabenen Figuren – über 8000 an der Zahl – stellen nach Ansicht der Archäologen, die die Grabungsarbeiten fortführen, nur einen kleinen Teil der Schätze dar. Weit mehr Terrakottafiguren warten noch in der Erde auf ihre Entdeckung.
So bedeutend die tönerne Streitmacht des alten Qin Shi Huangdi in kulturhistorischer Sicht und für die Archäologen auch sein mag, in diesen Ausführungen interessiert sie

uns allenfalls am Rande. Denn nach Xian hat es, wie die Dinge stehen, zwei von den Steinscheiben aus den Felsenhöhlen von Baian-Kara-Ula verschlagen!
Chinesische Arbeiter, die mit Aushubarbeiten für eine geplante Fabrik in einem östlichen Vorort von Xian beschäftigt waren, fanden 1953 eine neolithische Siedlung, deren Alter die Archäologen mit etwa 6000 Jahren angeben. Diese »Banpo«-Dorf genannte Ansiedlung ist eine der am besten erhaltenen steinzeitlichen Ausgrabungsstätten Chinas. Um die bisher geborgenen Fundstücke vor den Unbilden des Wetters zu schützen und um sie Besuchern zugänglich zu machen, wurde auf dem Gelände das Banpo-Museum gebaut. Es überdeckt zum Teil dieses etwa zehntausend Quadratmeter umfassende Areal. Nach Ansicht der Altertumsforscher ist auch dies nur ein Teil, vielleicht gerade ein Fünftel der gesamten Anlage. Zum Banpo-Museum gehören darüber hinaus noch einige kleinere Gebäude ringsum, in denen ebenfalls Exponate aus dem jungsteinzeitlichen Ort präsentiert werden, der einmal zwischen 200 und 300 Einwohner beherbergt haben soll.[18]
Und just in diesem Banpo-Museum entdeckte der österreichische Ingenieur Ernst Wegerer zwei der 1938 gefundenen Steinteller. Anläßlich einer China-Reise, die er schon Ende 1974 unternommen hatte, ergab sich für ihn sogar die Gelegenheit, diese Artefakte zu fotografieren. Die Museumsdirektorin, mit der er sprach, wußte über jede einzelne Tonscherbe, die Herkunft und einstige Verwendung genauestens Bescheid. Aber um Auskunft über die zwei Steinscheiben gebeten, verschanzte sie sich hinter der Erklärung, es handle sich um »Kultscheiben«, deren Bedeutung unbekannt sei.[19] Dem Ingenieur aus Österreich wurde erlaubt, die Gegenstände in die Hände zu nehmen. Die Platten hatten einen Durchmesser von 29 bis 30 Zentimeter, maßen

etwa einen Zentimeter in der Stärke und wiesen Rillen auf, die sich von einem fingerdicken Loch in der Mitte spiralförmig bis zum Rand hinzogen. Nach oberflächlicher Prüfung bestanden die Teller eindeutig aus Stein, vielleicht eine Art Marmor, aber auf jeden Fall waren sie so hart wie Granit. Das Gewicht jeder Scheibe betrug ungefähr ein Kilogramm, was auch auf ein relativ dichtes Material hinweisen dürfte.

Brisante Fragen und Schlußfolgerungen

Diese Zufallsentdeckung wirft weit mehr Fragen auf, als sie zu erhellen imstande ist. Entstammen die zwei im Banpo-Museum in Xian ausgestellten Teller tatsächlich den 716 in Baian-Kara-Ula geborgenen? Das dürfte wegen der Einzigartigkeit des Fundes so gut wie sicher sein. Warum aber wurden einzelne Fundstücke auf verschiedene Museen im Land verteilt?

Waren die Schlußfolgerungen aus der Übersetzung des Steinteller-Berichtes derart brisant, daß man die Artefakte am liebsten in alle Richtungen zerstreut wußte? Oder erschien es während der Wirren der Kulturrevolution angebracht, wenigstens Teile des aufsehenerregenden Fundes in der Provinz, weit entfernt von der durch die Unruhen am meisten erschütterten Hauptstadt, in Sicherheit zu bringen?

Was ist übrigens aus jenen Exemplaren geworden, die zur Untersuchung nach Moskau gebracht wurden? Hier könnte sich eine andere heiße Spur ergeben. Vielleicht befinden sie sich noch immer in Rußland. In jenen Jahren verschlechterte sich das russisch-chinesische Verhältnis zusehends, und es ist anzunehmen, daß Moskau die zur Verfügung gestellten Stücke nicht mehr zurückgegeben hat.

Wann werden die anderen Fundstücke sowie der ungekürzte Forschungsbericht der Wissenschaftler um Tsum Um-Nui endlich einem breiten Kreis westlicher Gelehrter und Interessierter zugänglich gemacht?
Und schließlich: Wenn tatsächlich eine Notlandung stattgefunden hat, wo liegen die Überreste des abgestürzten Raumfahrzeuges? Geht man einmal von der nicht unplausiblen Vermutung aus, daß dieses wohl kaum in Staub und Asche zerfallen und in alle Himmelsrichtungen verteilt worden ist, daß wenigstens einige aus Hartlegierungen bestehende Teile die 12000 Jahre überdauert haben könnten, dann stellt sich die brisante Frage: Was harrt in den weglosen Schluchten des Baian-Kara-Ula-Gebirges noch heute seiner Entdeckung?

Was man am liebsten verschweigen würde

Die Erklärungsversuche der verlegenen Museumsdirektorin erinnern mich frappierend an ein ähnliches Erlebnis, das ich auf einer Mexiko-Reise im November 1991 hatte. Unser örtlicher Fremdenführer, ein stolzer Mexikaner namens Enrique und des Spanischen sicher mächtiger als des Deutschen, schien plötzlich seine eigene Muttersprache nicht mehr zu verstehen. Was war geschehen? Wir waren in der Pyramidenstadt Teotihuacan, vierzig Kilometer nordöstlich von Mexiko-City. Ich wollte meiner Reisegruppe unbedingt die Glimmerkammern zeigen, die sich dort unter mit Vorhängeschlössern gesicherten Eisenverschlägen verbergen.[20]
Die Erwähnung derselben und die Frage um ihre genaue Position machten den Fremdenführer ratlos. Sogar die Bedeutung des Wortes »mica«, der spanischen Bezeichnung

für das Mineral Glimmer, schien ihm auf einmal schleierhaft zu sein. Letztendlich fand ich die Kammern selbst, doch bemerkte ich an der Art und Weise, wie dem Fremdenführer die ganze Sache peinlich war, wie sehr an solchen Orten »gemauert« wird. Hat man immer noch etwas zu verbergen?
Positiv zu erwähnen finde ich allerdings, was mir einige Tage danach in Palenque zu Ohren kam. Der Guide einer Gruppe von Franzosen - selbst offensichtlich von der Abstammung her Maya - erzählte diesen, wie ich unschwer verstehen konnte, unbefangen von den »extraterrestres«, also von Außerirdischen. Sein Gehirn war wohl von keiner zementierten und zur alleinigen Wahrheit erhobenen Lehrmeinung eingenommen. Oder gab er ganz einfach nur Tatsachen weiter, die für ihn und seine Vorfahren schon immer selbstverständlich gewesen sind?

3 Im Tal der weißen Pyramide: *Stätten, die für Besucher tabu sind*

Der asiatische Kontinent, speziell der von der gelben Rasse bewohnte Teil davon, seine Vergangenheit und selbst seine Gegenwart stecken voller Hinweise auf die Präsenz raumfahrender »Götter«. Die im vorangegangenen Kapitel zusammengefaßten Fragmente, die wir über Baian-Kara-Ula besitzen, stellen nur einen kleinen Teil jener Indizien dar, wenn auch einen, dem ein größerer Bekanntheitsgrad zuteil wurde.

Von einem weiteren Fund, der es an Bizarrheit leicht mit den erwähnten Steinscheiben aufnehmen kann, wird uns aus der Wüste Gobi berichtet. Im Gegensatz zu den Mitteilungen auf den Steintellern sollen die Informationen in diesem Falle jedoch auf visuelle Art erscheinen. Diese Geschichte klingt beinahe noch phantastischer als der Bericht über Baian-Kara-Ula, und ich gebe sie hier auch nur unter Vorbehalt weiter. Was ihren Wahrheitsgehalt betrifft, will ich jedoch versuchen, mit Hilfe aller direkten und indirekten Verbindungen zu China, die mir durch meinen Beruf in der Touristikbranche erwachsen sind, die Stichhaltigkeit zu überprüfen.

Die Wüste Gobi (chinesisch: sha-mo) ist ein riesiges Gebiet, es erstreckt sich ungefähr von 95 bis 115 Grad östlicher Länge und 39 bis 47 Grad nördlicher Breite. Nur ein Teil davon gehört zu China. Es liegt in der Autonomen Region Innere Mongolei mit ihrer wohlklingenden Hauptstadt Hohhot.

Ein kleiner Ausläufer reicht im Westen bis in die Provinz Xinjiang (Sinkiang) hinein. Der andere Teil zählt zum Staatsgebiet der Mongolischen Volksrepublik. Trotz aller Öffnungstendenzen Chinas zum Westen hin ist die Wüste Gobi noch immer ein strenges Sperrgebiet, für Touristen wie Einheimische ohne Sondergenehmigung ist sie absolute »no-go-area«. In dieser etwa zwei Millionen Quadratkilometer messenden und durchschnittlich 1000 Meter hoch gelegenen, kargen Beckenlandschaft leben nur wenige nomadisierende Mongolen wie zu den Zeiten Dschingis-Khans.

In der Wüste Gobi fanden in den sechziger Jahren die Atombombenversuche der chinesischen Armee statt. Damit wurde das rote Riesenreich, das am 16. Oktober 1964 die erste eigene Atombombe und am 17. Juni 1967 die erste Wasserstoffbombe zündete, zur fünften Nuklearmacht nach den USA, der ehemaligen Sowjetunion, Großbritannien und Frankreich. Ein wirklich seltsam dafür prädestinierter Ort: an vielen Stellen in der Wüste Gobi fand man nämlich häufig merkwürdige Sandverglasungen aus grauer Vorzeit. Sie ähneln jenen so frappierend, die durch die extreme Hitzeeinwirkung bei den Atombombenversuchen der letzten 45 Jahre entstanden sind durch Zusammenschmelzen siliziumhaltigen Gesteins. Und den an anderer Stelle erwähnten Tektiten aus dem Vorderen Orient.

In dieser kargen und unwirtlichen Gegend, etwa 300 Kilometer nördlich der legendären Seidenstraße und 1000 Kilometer westlich der Hauptstadt der Inneren Mongolei, Hohhot, gelegen, fand man die Ruinenstadt Khara-Khota (auch Char-choto). Der sowjetische Archäologe Professor Pjotr Kusmitsch Koslov stieß tief unter diesen Ruinen auf ein Grab, das einen Sarkophag mit den wohlerhaltenen Körpern zweier Menschen, vermutlich eines Königspaares, enthielt. Auf dem Sarkophagdeckel prangte ein Symbol: ein Kreis, der durch eine vertikale Linie geteilt war. Professor Koslov datierte den Fund auf etwa 12000 Jahre vor Christus.[21]

Annähernd ebenso alt schätzt man einen Schacht von über 1800 Meter Tiefe, der gleichfalls in Khara-Khota entdeckt wurde. Die Wände dieses bodenlosen Abgrundes sollen wie blauschimmerndes Glas aussehen. Irgendein uns unbekanntes Ereignis muß das Gestein zusammengeschmolzen und die Glasierung erzeugt haben. Die lokalen Überlieferungen wissen von einem Feuerblitz zu berichten, der vom Himmel kam und den Schacht geschmolzen haben soll. Welcher Blitz ist in der Lage, einen beinahe zwei Kilometer tiefen Schacht mit Wänden aus glasiertem Gestein zu erzeugen? Selbst die bloße Glasierung einer bereits existierenden Höhlung wäre bereits eine technische Meisterleistung!

Eine Atomexplosion wäre nach unseren Erkenntnissen als einzige Energiequelle dazu imstande, dies zu bewerkstelligen. So zündeten die Amerikaner am 13. September 1957 in der Sierra Nevada unterirdisch eine Atombombe. Man hatte für dieses Vorhaben eigens eine kugelförmige Grotte von 40 Meter Durchmesser in das Felsgestein gehauen. Als vier Jahre später ein Team von Spezialisten mit schwerem Schutzgerät in die für lange Zeit radioaktiv verseuchte Grotte eindrang, machten die Wissenschaftler eine erstaunliche Entdeckung. Unter der Wirkung des ungeheuren Druckes und der unvorstellbaren Hitze der Kernexplosionen war das Gestein geschmolzen. Die Wände hatten sich mit Kristallen bedeckt, die wiederum durch die Wucht der umherfliegenden Gesteinsbrocken zertrümmert worden waren.[9]

Die Gläser aus der Wüste Gobi

Aus dem erwähnten Schacht von Khara-Khota sollen seltsame, sichelförmige Glasgebilde in großer Zahl stammen, die heute im Besitz vieler Familien am Südrand der Wüste Gobi sind. Man spricht von mittlerweile über 10000 Stück, die aufgetaucht sein sollen, und vermutlich ungleich mehr, die sich noch in dem Schacht befinden sollen.

Da weder für ihre Herkunft noch für die Technik, mit deren Hilfe die kuriosen Gegenstände hergestellt worden sind, eine befriedigende Erklärung gefunden werden konnte, wurde deren Existenz bislang totgeschwiegen. Was ist so bizarr an diesen Glassicheln, das selbst mit den phantastischen Hinterlassenschaften von Baian-Kara-Ula zu konkurrieren vermag?

Berichten zufolge, die erstmals Mitte der achtziger Jahre in Umlauf kamen, sind in den Gläsern Bilder gespeichert, die im Ruhezustand nicht zu erkennen sind. Wirft man solch ein Glas, ähnlich einem Bumerang, in die Luft, so werden während des Fluges unglaubliche Szenen sichtbar. Man erkennt beispielsweise eine Art Rakete an einem Fallschirm sowie eine Gestalt mit einem birnenförmigen Kopf. Noch weiß niemand eine Antwort auf die Frage, wie und wodurch die Bilder in den geworfenen Sicheln erzeugt werden. Ebensowenig, durch welche Technik solche Bilder in die Gegenstände hineingerieten, fixiert und gespeichert wurden.[22] Sind es Aufzeichnungen unter Zuhilfenahme eines unbekannten Materials und einer für uns noch nicht erklärbaren Lichtstrahltechnik?

Was man nicht erklären kann, ohne die Phantasie arg strapazieren zu müssen, vergißt man besser wieder. Das schont die Nerven, aber noch mehr die sorgsam zurechtgezimmerte und liebevoll gepflegte Vorstellung, die man sich

Die geheimnisvollen Glassicheln aus der Wüste Gobi – hier in einer künstlerischen Wiedergabe.

noch immer von unserer Vergangenheit macht. Aber vielleicht tragen gut 25 Jahre der Bemühungen um eine vorurteilsfreie Betrachtung der Vorgeschichte langsam Früchte, denn es scheint sich ganz vorsichtig ein Umdenken auf seiten des wissenschaftlichen Establishments anzubahnen. So beabsichtigte der Leiter des prähistorischen Museums in Beijing, als die Geschichte im Jahre 1986 erstmals durch die Weltpresse ging, sich näher mit den mysteriösen Funden zu befassen. Auch wenn eine logische Erklärung bislang noch aussteht und sich die Vorgänge mit unseren gegenwärtigen Erkenntnissen nur schwer vereinbaren lassen.
Man will unser gesamtes physikalisch-technisches Wissen aufbieten, um dahinter zu kommen, wie und weshalb diese unseren Dias ähnlichen Bildaufzeichnungen in den uralten Glasscheiben gespeichert wurden, die dann durch Einwirkung von Sonnenstrahlen und bestimmten Bewegungsabläufen sichtbar werden sollen. Falls sich das richtige Wiedergabesystem fände, ließen sich vielleicht zusammenhängende Bildübertragungen entdecken, die die geheimnisvollen Geschehnisse aus der Zeit um 10000 vor Christus aufhellen könnten.

Interstellare Rettungsaktion vor 12000 Jahren?

Sollte dieses Rätsel in der Wüste Gobi auch von der Landung einer außerirdischen Expedition vor ungefähr 12000 Jahren Zeugnis ablegen? Ganz kühn weiterspekuliert wage ich hier die Frage zu stellen: War damals möglicherweise ein Rettungstrupp gelandet, auf der Suche nach den in Not geratenen Kollegen, die im Baian-Kara-Ula-Gebiet nieder-

gehen mußten? Hatte er diese unglücklicherweise um rund 1000 Kilometer verfehlt? Bei etwas Phantasie und logischer Überlegung erschiene dann das folgende Szenario nicht mehr gänzlich aus der Luft gegriffen. Die Mannschaft außerirdischer Astronauten, die eine möglicherweise technische Panne zur Notlandung in den unwegsamen Schluchten des Baian-Kara-Ula-Gebirges zwang, wurde sicher bald von ihrer Basisstation vermißt. Die Flugrichtung sowie das ungefähre Ziel waren bekannt, und so brach eine Suchmannschaft zum dritten Planeten unseres Sonnensystems auf. Da man wußte, daß die Lebensbedingungen auf diesem Himmelskörper denen des Heimatplaneten relativ ähnlich waren, rechnete man sich für die Verschollenen gute Überlebenschancen aus. Möglicherweise gab es eine Art Richtstrahl oder Funksignale, die der Rettungsmannschaft den ungefähren Weg weisen sollten.
Doch aus uns unerfindlichen Gründen – die Signale brachen ab, oder das Rettungsteam kam selbst in größere Schwierigkeiten – verirrten sich die Suchenden. In einer wilden und gebirgigen Region des Planeten, deren Gipfel bis über 8000 Meter hoch sind, mit Schluchten und Tälern dazwischen und ausgedehnten Wüsten am Rande, verfehlten sie ihre Kameraden. Sie landeten schließlich in der Wüste, ziemlich genau zwischen zwei Gebirgsketten, an einem Ort, den wir heute Khara-Khota nennen. Flogen sie unverrichteter Dinge wieder heim, oder wandten sie sich anderen Zielen zu? Doch hinterließen sie als Zeugnis ihrer Präsenz am Ort der Landung eine Unzahl seltsamer Gläser mit darin gespeicherten visuellen Botschaften. Für ihre verschollenen Kollegen oder für die Bewohner dieses Planeten, die irgendwann in einer fernen Zukunft darüber stolpern und das Geschehene begreifen würden …
Der Gedanke hat etwas für sich: Hier wie dort finden sich

etwa 12 000 Jahre alte Artefakte, die mit unserem derzeitigen wissenschaftlich-technischen Know-how nicht zu erklären sind. Hier wie dort besteht ein auffallender Bezug zur Weltraumfahrt, welche die am Ort beheimateten Stämme mit Sicherheit noch nicht betreiben konnten. Und, last but not least, hier wie dort ein unglaublich bizarres Nachrichtenübermittlungssystem. Eines mit schriftlichen Mitteilungen (und vielleicht mit einer zusätzlichen elektromagnetisch gespeicherten Botschaft), das andere mit visuellen Eindrücken, die durch einen denkbar simplen Bewegungsablauf sichtbar gemacht werden können.

Ein narrensicheres Prinzip

Und hierin liegt der springende Punkt. Diese Glassicheln erscheinen in ihrer Machart und ihrer Wirkungsweise irgendwie logisch, geradezu narrensicher. Die bumerangartige Form lädt den Finder geradewegs zum Werfen ein, wes Geistes Kind er auch immer ist, welcher Kultur er auch immer angehören mag. Führt man sich diesen Aspekt vor Augen, dann haben die unbekannten Schöpfer jener Gegenstände die Entdeckung der darin enthaltenen spektakulären Botschaft von Anfang an eingeplant!
Selbst wenn man sich in Beijing neuerdings relativ unvoreingenommen an die rätselhaften Gläser aus der Ruinenstadt in der großen chinesischen Wüste heranzuwagen versucht, will noch niemand so recht an eine Botschaft aus einer fremden Welt glauben. Wissenschaftliche Forschung verlangt viel Zeit und noch mehr Geduld. Das gilt in ungleich stärkerem Maß für China, wo nachhaltige Veränderungen grundsätzlich in kleinen Schritten erfolgen. Berück-

1 Entwicklung der chinesischen Schrift aus Bildsymbolen am Beispiel »Kröte« (oben) und »Himmel« (unten). Das ursprüngliche Zeichen für »Himmel« (links) ähnelt einer Gestalt mit klobigem Kopf und dünnen Extremitäten und bedeutet »der vom Himmel Gekommene«.

2 Wie moderne Hochspannungs-Isolatoren muten die seltsamen Gebilde auf den Mauern des Tempels Putuozongsheng bei Chengde an.

1

2

Mongolische Volksrepublik
Mongolischer Altai
Changai-geb.
Gobi-Altai
Gobi oder Schamo
Ulan-Bator
Darchan
Sochondo
Tschoibalsan
Bulgan
Mandal-Gobi
Sain-Schand
Dalan-Dzadagad
Er-lian
Qi-tai
Turfan
Ha-mi
Urumchi
Bei-shan
Nan-shan
Lao-jun-miao
Jiu-quan
Zhang-ye
Wu-wei
Xi-ning
Lan-zhou
Ordos
Yin-chuan
Bao-tou
Hu-he-hao-te
Da-tong
Tai-yuan
Yen-an
Lin-fen
Ping-liang
Tian-shui
Bao-ji
Xi-an
Luo-yang
Zheng-zhou
Nan-yang
China
Han-zhong
An-kang
Guang-hua
Lang-zhong
Cheng-du
Nan-chong
Wan-xian
Yi-chang
Chungking
Lu-zhou
Yi-bin
Chang-de
Chang-sha
Xiang-tan
Zhu-zhou
Shao-yang
Heng-yang
Zun-yi
Gui-yang
An-shun
Du-yun
Kwei-lin
Kun-ming
Yi-liang
Liu-zhou
Nan-ning
Wu-zhou
Fo-shan
Mao-ming
Chan-jiang
Hai-kou
Hanoi
Haiphong
Lang Son
Nam Dinh
Luang Prabang
Lao Kay
Ge-jiu
Meng-zi
Wen-shan
Ba-tang
Xi-chang
Xia-guan
Teng-chong
Mandalay
Myitkyina
Imphal
Dibrugarh
Kachin
Mogok
Meiktila
Taunggyi
Pyinmana
Birma
Golf von

4

3 Viele der hier beschriebenen Stätten liegen in für Ausländer gesperrten Gebieten und sind zudem verkehrsmäßig sehr schwer erreichbar (links).

4 Vermutlich eine künstlerische Reproduktion einer Felszeichnung, die bei Fergana in Usbekistan gefunden worden sein soll. Ihre Authentizität vorausgesetzt, was erkennen »moderne Augen« beim Betrachten dieser Szene (oben)?

5, 6 Im Banpo-Museum in Xian sind zwei der Steinscheiben von Baian-Kara-Ula wieder aufgetaucht. Wurde der Fund während der Wirren der Kulturrevolution »in alle Winde« verweht? Bei den hier wiedergegebenen Fotos handelt es sich um die weltweit einzigen Aufnahmen dieser spektakulären Artefakte (folgende Seite).

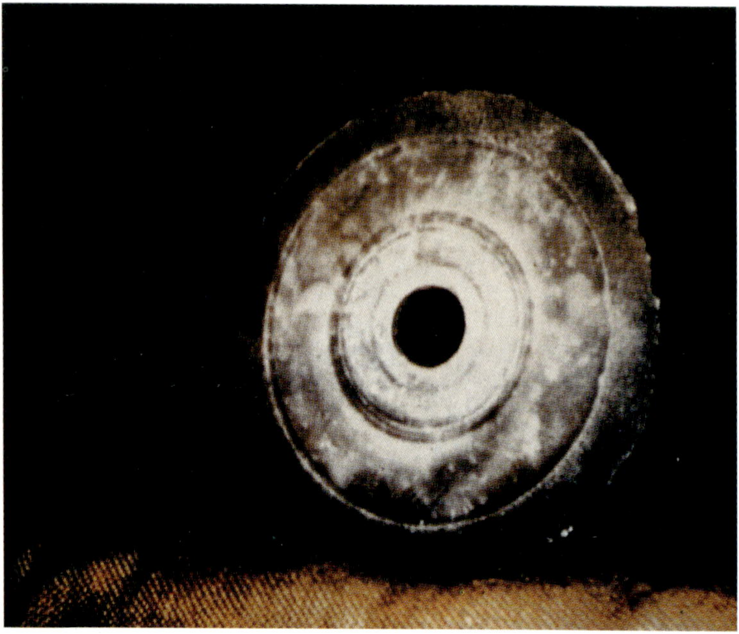
5

6

sichtigt man jedoch, daß sich generationenlang die Wissenschaftler erst gar nicht um die äußerst bizarren Artefakte aus dem Schacht von Khara-Khota gekümmert haben, sind vielleicht die ersten Schritte auf dem Weg zu einer Lösung des Rätsels in der Wüste Gobi schon getan. Zweifellos wird es uns noch ein gutes Maß an Geduld kosten und diejenigen, die in China ein Mäntelchen des Schweigens über so viele Dinge ausgebreitet haben, ein stetes Umdenken, bevor endlich offiziell verlauten wird, worüber bislang nur hinter vorgehaltener Hand berichtet wird. Wenn selbst in vergleichsweise liberalen Ländern wie Mexiko (siehe mein Beispiel aus dem vorangegangenen Kapitel) so sehr geblockt und gemauert wird, um wieviel schwerer tut man sich dann in China? Einem Land, dessen Geschichte nicht nur der letzten 50 Jahre geprägt ist von Überwachung, Restriktionen und Geheimniskrämerei? Im Grunde war das Reich der Mitte schon immer ein geheimnisumwittertes Gebiet, das seine wahren Mysterien durch alle Zeiten bestens zu bewahren wußte

Trotz vielfältiger Handelsbeziehungen und der Emigration unzähliger Chinesen in alle Länder der Welt wurden uns Außenstehenden eigentlich nie profundere Geheimnisse anvertraut: Die wirklich gefährlichen Wahrheiten behielten die »Söhne des Drachens« immer für sich.

Das will ich näher an einem Beispiel aus einem scheinbar anderen Bereich erläutern. Trotzdem führt uns der folgende Exkurs nicht einmal von unserem Thema weg.

Die in den letzten Jahren bei uns im Westen als alternative Heilmethode so gepriesene Akupunktur stellt mit Sicherheit nur die Spitze eines Eisberges dar. Ein schwacher Abglanz, ein übergebliebenes Fragment einer hochentwickelten Heilkunst, die etliche Jahrtausende ins Dunkel der Vergangenheit reicht. Ist auch sie ein Geschenk jener »Götter«, die, aus dem Weltraum kommend, den Vorfahren der gelben Rasse zahlreiche Besuche abstatteten?

Der verzögerte Tod

Versucht man, etwas über eine weit gefährlichere Anwendungsweise uralten, aus China kommenden medizinischen Wissens in Erfahrung zu bringen, stößt man in der Regel auf eine Mauer des Schweigens oder auf verschwommene Gerüchte. Genaue Recherchen enden meist in einer Sackgasse oder lassen zumindest heftigen Widerstand spüren. Ein Geheimnis, das um keinen Preis verraten sein will.
Die Rede ist von »dim mak«, was man noch am besten mit »verzögerter Todesschlag« übersetzen kann. Einigen wenigen eingeweihten Meistern wird die Fähigkeit nachgesagt, durch einen ganz kurzen, leichten Druck oder Schlag auf bestimmte Körperstellen eines Gegners innere Verletzungen, gefolgt von tiefer Bewußtlosigkeit und schließlich dem Tod des Opfers, gezielt herbeiführen zu können. Der feine Unterschied zu den üblichen Methoden gewaltsamen Tötens besteht darin, daß die Folgen der Berührung erst Stunden oder Tage danach ihre fatale Wirkung zeigen. Die Ursache ist zu diesem Zeitpunkt dann nicht mehr zu rekonstruieren.
Der Experte für fernöstliche Kampfkunst John F. Gilbey bereiste in den fünfziger Jahren die ganze Welt, um hinter das Geheimnis von »dim mak« zu kommen. Nach oft glückloser Suche stieß er 1957 in Taiwan endlich auf einen Menschen, der nicht nur angab, diesen verzögerten Todesschlag zu beherrschen, sondern sich nach langem Zureden auch zu einer Demonstration bereit erklärte.

Der Kampfmeister Oh Hsin-Yang nahm hierzu seinen Sohn Ah Lin als Versuchsperson. Bei dieser praktischen Vorführung berührte er den jungen Mann nur leicht etwas unterhalb des Nabels, der Schlag erschien völlig harmlos. Es war für den weiteren Verlauf des Experimentes zweifellos von Vorteil, daß Gilbey die Testperson für die darauffolgenden Tage unter strenger Beobachtung halten konnte. Anfangs war Ah Lins Gesundheit scheinbar nicht beeinträchtigt, zudem erfreute er sich bester Laune. Wahrscheinlich glaubte der Sohn nicht so recht an die Effektivität der von seinem Vater an ihm erprobten Technik. Oh Hsin-Yang durfte sich ihm nach der Verabreichung des Schlages nicht mehr nähern.

Doch es war überhaupt nicht notwendig, daß das Opfer an die Wirksamkeit des Schlages glaubte. Gegen Mittag des dritten Tages brach Ah Lin – genau wie von seinem Vater vorausgesagt – plötzlich aus unerklärlichen Gründen zusammen und fiel in tiefe Bewußtlosigkeit. Mit viel Mühe gelang es dem Vater, Ah Lin mit Hilfe von Massagen und pflanzlichen Medikamenten wieder auf die Beine zu bringen. Sein Sohn brauchte danach noch volle drei Monate (!), bis er alle körperlichen Kräfte zurückgewonnen hatte und seine Gesundheit wieder vollkommen hergestellt war. Gilbey war einer der wenigen Menschen unserer westlichen Hemisphäre, denen es vergönnt war, Ausführung und Wirkung des verzögerten Todesschlages mitzuerleben.[23]

Alte chinesische Überlieferungen berichten uns, daß die spezielle Technik des »dim mak« während der T'ang-Dynastie, zwischen 618 und 906 n. Chr., ihre höchste Vollendung fand. Möglicherweise aber reichen ihre Wurzeln weit tiefer zurück ins Dunkel der Vergangenheit, in die Zeiten der Raumfahrt betreibenden »Götter«.

Woher nahmen die alten Chinesen das profunde medizini-

sche und anatomische Wissen, das sie hilfreich (Akupunktur und verwandte Methoden) oder todbringend (dim mak) einsetzen konnten, wenn nicht von den Lehrmeistern aus dem All? In unseren Breiten ist absolut nichts Vergleichbares bekannt, und unsere moderne Medizin ist nicht in der Lage, wenigstens die Wirkungsweise der Akupunktur vollständig zu erklären. Im Falle des verzögerten Todesschlages versagt allerdings unsere Wissenschaft auf der ganzen Linie. Aus diesem Grunde greift sie leider zu einem ebenso einfachen wie altbewährten Mittel: Sie ignoriert das Phänomen, das nicht so recht in ihr Weltbild passen will, oder stellt das Ganze als bloßes Phantasieprodukt hin.
Aber diese hilflose Reaktion vermag uns immer weniger zu überzeugen. Im November 1980 führte Dr. John Painter, Leiter einer Kampfkunstschule in Arlington im US-Bundesstaat Texas, ein Experiment vor, das selbst strengen wissenschaftlichen Ansprüchen gerecht wurde.

Medizinischer Nachweis eines uralten Mysteriums

Während eines Vortrages über Akupressur, bei dem auch mehrere angesehene Mediziner anwesend waren, wurde ein Freiwilliger, dessen Gesundheit und körperliche Verfassung vorher für gut befunden wurde, an Geräte angeschlossen, die seine Herzfrequenz, Temperatur, Blutdruck und andere Werte maßen. Was ihn wirklich erwartete, wurde ihm nicht verraten. Man teilte ihm lediglich mit, daß eine besondere Art von Akupressur bei ihm angewandt werden sollte. Nachdem die anfänglichen Werte von den Geräten abgelesen worden waren, versetzte Dr. Painter der Versuchsperson einen leichten Schlag gegen einen Punkt auf der Brust, der in der chinesischen Medizin die Bezeichnung »hui kui-hsueh« trägt. Ahnungslos, was noch auf ihn zukommen sollte, gab der Mann an, keinen Schmerz zu empfinden. Er bemerkte nur, sein Körper fühle sich etwas taub an und sein rechter Arm sei schwer.

Es war kaum eine halbe Stunde vergangen, da machten sich eine Reihe beunruhigender Symptome bemerkbar. Sein Unterleib begann zu schmerzen, und nach weiteren fünf Minuten war die Körpertemperatur von 37 Grad Celsius auf 37,8 Grad Celsius gestiegen. Wiederum 20 Minuten später begann die Herzfrequenz, anfangs bei regelmäßigen 62 Schlägen in der Minute gelegen, gefährlich zu schwanken, von unter 50 bis über 150 Schläge in der Minute. Von da an ging es Schlag auf Schlag. Die Testperson litt unter heftigen Schweißausbrüchen, einer Kontraktion der Brustmuskulatur und beinahe spastischem Gliederzittern. Auch der Blutdruck stieg bedrohlich an. Als Dr. Painter die Gewißheit bekam, daß der Zustand des Mannes nun äußerst kritisch wurde, brach er das Experiment ab. Er massierte die Stelle auf der Brust, an welcher er den folgenreichen Schlag angesetzt hatte, und verabreichte eine Medizin aus Heilkräutern. Nach einer guten Stunde hatte sich der Gesundheitszustand wieder einigermaßen normalisiert.

Dr. Painter war, wie auch die meisten seiner Zuschauer, der Überzeugung, daß die Fortführung des Experimentes für seine Testperson fatale Folgen gehabt hätte. Er äußerte nach dieser Demonstration die Vermutung, der Mann wäre mit großer Wahrscheinlichkeit innerhalb der nächsten zwei Tage den Folgen zum Opfer gefallen.[23] Auffällig hier wie auch am vorangegangenen Beispiel ist die Tatsache, daß Autosuggestion als mögliche Erklärung ausscheiden muß. Beide Versuchspersonen haben entweder nicht an den Er-

folg geglaubt oder wurden nicht über den wahren Sachverhalt in Kenntnis gesetzt.
Nicht ungeläufig sind uns die Leistungen fortgeschrittener Meister fernöstlicher Kampfkunst, die ihre Kraft offensichtlich selektiv anzuwenden wissen. Es gelingt ihnen, aus einem Stapel von Ziegeln oder Steinplatten einen bestimmten zu zerbrechen (meist den in der Mitte gelegenen), ohne daß die oberen und unteren Ziegel auch nur beschädigt werden. Leistungen dieser Art lassen vermuten, daß es gut möglich ist, einem Menschen einen Schlag zu versetzen, der innere Verletzungen verursacht und letztlich zum sicheren Tod führt, aber keinerlei äußere Spuren hinterläßt.
Mit diesem Seitensprung zu einem - nur scheinbar - außerhalb der Thematik um die außerirdischen Götter liegenden Gebiet wollte ich eigentlich nur deren Allgegenwärtigkeit darstellen, wie sie nirgendwo deutlicher zutage tritt als im Kulturkreis der gelben Rasse unseres Planeten. China, Tibet, die Mongolei und natürlich auch Japan scheinen ein Zentrum oder ein Schwerpunktgebiet für die aus dem Weltraum gekommenen Lehrmeister gewesen zu sein. Hier waren die Kontakte besonders intensiv und haben sich im Gedächtnis und in der Überlieferung der Völker dieser Regionen unauslöschlich eingeprägt. Mit großer Wahrscheinlichkeit hielten die Besuche unserer kosmischen Brüder in diesem Teil der Welt länger an als anderswo. Daß sie bis weit in unsere geschichtlich erfaßte Zeit hineingereicht haben müssen, will ich am Beispiel Tibets und Japans in den folgenden Kapiteln noch näher ausführen. Und daß es vielleicht sogar Gemeinsamkeiten gibt mit den heute immer öfter beobachteten Wesen, den Urhebern jener hart am Rande der Realität liegenden Entführungsfälle, möchte ich an anderer Stelle gleichfalls zur Diskussion stellen.
Doch im Moment bleiben wir noch in China, genauer ge-

sagt in der Vergangenheit dieses faszinierenden Riesenreiches. Sie hält noch eine Menge Rätsel und Indizien für die Präsenz der Astronautengötter für uns bereit.

Magische Spiegel und vorzeitliche Röntgenapparate

Über andere seltsame, technisch zu deutende Funde, die ein wenig an die eingangs erwähnten gläsernen Sicheln erinnern, berichten Louis Pauwels und Jacques Bergier in einem ihrer Bücher.[24] Danach soll man in einigen Berichten über die Wissenschaften im China des ersten vorchristlichen Jahrtausends Anspielungen auf sogenannte magische Spiegel finden. Ähnlich wie die Sichelgläser aus der Wüste Gobi befinden sich auch viele dieser Spiegel heutzutage in privaten Händen. Ihre Konstruktion sowie ihr Verwendungszweck entziehen sich unserem Verständnis. Hinter ihrem Glas sollen sie außerordentlich komplexe Hochreliefs tragen, die Assoziationen zu den gedruckten Schaltkreisen neuzeitlicher High-Tech-Elektronik wecken. Wird solch ein Spiegel durch direktes Sonnenlicht beleuchtet, werden die Reliefs, normalerweise durch das reflektierende Spiegelglas abgeschirmt, dem Auge des Betrachters sichtbar. Dies geschehe aber nicht bei künstlichem Licht, was mögliche Erklärungsversuche verkompliziert.
Gibt es hier mögliche Parallelen zu dem »heiligen Spiegel«, der als eines der Reichskleinodien des japanischen Kaiserreiches im Schrein von Ise als Reliquie verehrt wird? In der altjapanischen Mythensammlung Kojiki wird berichtet, daß Ninigi-No-Mikoto, der Enkel der Sonnengöttin Amaterasu, diesen Spiegel auf die Erde mitbrachte.

Die chinesischen Spiegel sollen über recht phantastische Eigenschaften verfügen. Stellt man sie paarweise zusammen, übertragen sie angeblich Bilder wie in einem Film. Noch ein weiteres bizarres Informationssystem? Sollten diese magischen Spiegel nicht nur in der Phantasie existieren, wäre es zudem möglich, einige dieser Gegenstände einer wissenschaftlichen Analyse zu unterziehen, ergäbe sich ein weiteres wertvolles Indiz für eine hochentwickelte, von außerhalb unserer Erde gekommene Technologie. Was aber der Ordnung halber hier gesagt werden muß: Bislang konnte ich leider keine weiteren Hinweise recherchieren, die diese von Pauwels und Bergier gegebenen Hinweise verifizieren könnten. Dies muß zum gegenwärtigen Zeitpunkt aber keineswegs zwangsläufig gegen eine mögliche Existenz dieser Spiegel sprechen, da der Informationsfluß aus China noch immer recht spärlich kommt. Will man die Technik für eigene Innovationen nutzen?
Manche Quellen lassen vermuten, daß den alten Chinesen sogar die Röntgenstrahlen bekannt waren. Es wird überliefert, der Kaiser Qin Shi Huangdi, der von 259–210 v. Chr. lebte, habe einen Spiegel besessen, der »die Knochen des Körpers erleuchtete«. Nach dem Tode Qin Shi Huangdis soll sich der Spiegel noch einige Jahre im Palast von Shensi befunden haben, bis sich im Jahre 206 v. Chr. seine Spur verlor. In den Überlieferungen dieser Epoche wurde er folgendermaßen charakterisiert:
»Es war ein rechteckiger Spiegel, 1,22 Meter breit und 1,76 Meter hoch (nach unserem Maßsystem, d. Verf.), er glänzte sowohl auf der Vorderseite wie auf der Rückseite. Wenn sich jemand vor ihm aufstellte, um sich gespiegelt zu sehen, so erschien das Bild auf dem Kopfe stehend. Wenn sich jemand die Hände auf das Herz legte, wurden alle seine inneren Organe, wie etwa die Eingeweide, sichtbar.

Wenn jemand eine verborgene Krankheit hatte, dann konnte er ihren Sitz erkennen, wenn er in diesen Spiegel schaute und sich die Hände aufs Herz legte.«

Etwa 250 Jahre, bevor Tsin Shi regierte, soll der hinduistische Gelehrte Jivaka »einen wunderbaren Edelstein« besessen haben, mit dem er »das Innere eines Körpers betrachten konnte«. Das wundersame Instrument soll »den Körper erleuchtet haben, so wie eine Lampe alle Dinge im Haus erhellt, dadurch konnte man das Wesen der Krankheiten erkennen«.[5]

Eine Reihe interessanter Entdeckungen machte der Archäologe und Ethnologe Chi Pen-Lai von der Pekinger Akademie für Altertumsforschung auf einer Insel im Dongting-See. Etwa 200 Kilometer südwestlich der Provinzhauptstadt Wuhan, genau im Grenzgebiet der Provinzen Hubei und Hunan, liegt er in einer Senke zwischen dem Hunan- und dem Mu-Fu-Shan-Gebirge. Nur wenige Kilometer nördlich zieht der Yang-Tze-Kiang (auch Changjiang, »Langer Fluß«) vorbei. Er ist mit 5800 Kilometern Länge und einem Einzugsbereich von rund zwei Millionen Quadratkilometern der längste und mächtigste Strom Asiens. Auf seinem Weg vom Ursprung in der Provinz Quinghai bis zur Mündung nahe der größten Stadt Chinas, Shanghai, erreicht der Yang-Tze nach schluchtenreichem Lauf durch Gebirgsmassive bei Yichang die Tiefebene. Hier liegen zahlreiche Seen, die während des regelmäßig im Sommer eintretenden Hochwassers die Fluten des über seine Ufer getretenen Flusses aufnehmen. Einer von ihnen, der größte in dieser Ebene, ist der Dongting-See.

Er wird übrigens auf jeder Landkarte anders dargestellt. Die im Bildteil dieses Buches befindliche Satellitenaufnahme (Abb. 9) zeigt seine authentische Form.

In diesem See liegt die Felseninsel Jotuo, auf der schon wiederholt archäologische Funde gemacht worden waren. Im Jahre 1957 - zwei Jahre, bevor die ganze Region von einem Erdbeben heimgesucht wurde - entschloß sich Professor Chi Pen-Lai mit seinem Team zu Nachforschungen auf dieser Insel. Er entdeckte dabei in Granit gearbeitete Flachreliefs, auf welchen menschenähnliche Gestalten in Anzügen mit rüsselartigen Auswüchsen zu erkennen sind. Sie erinnern stark an Taucher - oder an Raumanzüge mit Atemschutzgeräten. Die Wesen auf den Reliefs sind sowohl auf der Erde stehend als auch auf der Oberfläche von zylindrischen Objekten, die am Himmel zu schweben scheinen, dargestellt. Chi Pen-Lai schätzte das Alter dieser Funde auf ungefähr 45 000 Jahre.[24]

Am selben Ort stieß der Professor mit seinen Helfern bei der Untersuchung eines vor 3000 Jahren mit Teilen der Insel abgesunkenen Mauerwalls auf bisher unerforschte Höhlen im Inselinneren. Taucher, die zur Unterstützung der Expedition angefordert werden mußten, entdeckten 30 Meter unter der Oberfläche des Sees ein tief in den Granitfelsen führendes Labyrinth. An den wie glasiert wirkenden Wänden der unter Wasser liegenden Höhlengänge fand man Gravierungen, die laut Schätzungen Chi Pen-Lais ebenfalls vor 45 000 Jahren in das Gestein geritzt wurden.

Eine der Zeichnungen zeigt, wie offenbar von einem schwebenden Fluggerät aus Wesen mit modern anmutenden Waffen auf vor ihnen flüchtendes Wild zielen.[25,26] Die Forscher beschrieben diese Wesen als modern gekleidet, mit Jacken und langen Hosen.[16] Gern geäußerte Argumente, die einwenden, das scheinbare Schweben von Gestalten auf Felszeichnungen sei auf deren zufällige Plazierung an einem

freien Platz zurückzuführen, erscheinen hier wenig stichhaltig. Deutlich abgesetzt von den fliegenden Gestalten sind am Boden andere Männer dargestellt, offensichtlich Eingeborene, die mit ihren primitiven Blasrohren gleichfalls Jagd auf die Tiere machen.
Auf einer anderen Gravierung sind um eine große, zentral angeordnete Kugel zehn weitere, kleinere Kugeln in unterschiedlichen Abständen eingeritzt. In dieser Darstellung, die sehr stark an unser Sonnensystem erinnert, sind die dritte und die vierte Kugel durch eine Art Schlangenlinie miteinander verbunden.[26]
Hierbei stört eigentlich nur die zehnte Kugel. Aber da gibt es ja immer wieder, auch unter etablierten Astronomen, Spekulationen um einen weiteren Planeten in unserem System, der entweder jenseits des Pluto vermutet wird, oder – was wahrscheinlicher ist – dessen Trümmer heute als Asteroidengürtel ihre Kreise zwischen Mars und Jupiter um unsere Sonne ziehen.

Rätselhafter Gigant: die weiße Pyramide

Etwa seit dem Ende des Zweiten Weltkrieges erscheinen in schöner Regelmäßigkeit immer wieder Berichte über riesige Pyramiden in China in der Literatur. Darin ist die Rede von Bauwerken, die selbst die Cheops-Pyramide in Ägypten oder die Sonnenpyramide von Teotihuacan in Mexiko bescheiden wirken lassen.
In der Provinz Shaanxi, ungefähr 60 Kilometer südwestlich der Hauptstadt Xian und in der Gebirgsregion von Qin Ling-Shan gelegen, befindet sich mit gut 300 Meter Höhe die größte Pyramide Chinas und der ganzen Welt.[27] War

man bisher mehr oder weniger auf Spekulationen angewiesen, scheinen nun ältere Zeugenaussagen von Handelsreisenden sowie Berichte von Piloten der US-Air-Force aus den vierziger Jahren endlich zu bestätigen, daß den Gerüchten auch ein Wahrheitsgehalt zugrundeliegt.
Im Jahre 1912 waren die Geschäftsreisenden Fred Meyer Schroder und Oscar Maman in dieser Gegend unterwegs, als sie auf eine riesige Pyramide stießen. Was sie zu Gesicht bekamen, verschlug ihnen beinahe die Sprache. Ihrem Reisetagebuch vertrauten sie an:
»Es war noch viel unheimlicher, als wenn wir sie in der Wildnis gefunden hätten. Aber diese (gemeint sind mehrere Pyramiden, d. Verf.) lagen gewissermaßen unter den Augen der Welt, sind aber in den westlichen Ländern völlig unbekannt.«[28]
Diese Aufzeichnungen entdeckte der Forscher Bruce Cathie aus Neuseeland, der sich auch für die Aufklärung des Rätsels um die chinesischen Riesenpyramiden bemüht. Cathie, ehemaliger Flugkapitän einer kleineren neuseeländischen Airline, interessiert sich schon seit Mitte der sechziger Jahre intensiv für das Phänomen der unbekannten Flugobjekte. In diesem Zusammenhang ist es vielleicht interessant zu erwähnen, daß er überzeugt ist, auf ein weltumspannendes Liniengitter gestoßen zu sein, welches UFOs zur Navigation bei ihren Flügen rund um den Globus benutzten. Derartige Liniengitter sollen schon seit prähistorischen Zeiten bestehen, was ebenfalls auf eine Verknüpfung der modernen UFO-Erscheinungen mit den Landungen der Götter-Astronauten in grauer Vorzeit hindeuten könnte.
Was die bislang noch umstrittenen Pyramiden in der Volksrepublik China betrifft, glaubt der ehemalige Flieger, deutliche Hinweise darauf gefunden zu haben, daß in der näheren Umgebung von Xian insgesamt 16 dieser Bauwerke

existieren. Sie sollen alle von unterschiedlicher Höhe und Größe sein, mit der hier beschriebenen von über 300 Metern Höhe als der größten von allen.
Mir selbst wurde von einem Informanten aus China zugetragen, der vor mehreren Jahren in dieser Gegend war, daß in der Nähe des Ortes Mao Ling, etwa 50 Kilometer westlich von Xian, mehrere sehr große Pyramiden stehen. Mein Gewährsmann konnte sich sogar daran erinnern, daß einige dieser Bauwerke auf ihrer Spitze tempelähnliche Aufbauten trugen - wie ihre Pendants in den Urwäldern Zentralamerikas.
Während der Zweite Weltkrieg in China tobte und die damalige Großmacht Japan sich anschickte, das gesamte Land zu erobern, machte die US-Air-Force zahlreiche Aufklärungsflüge auch über dem Qin Ling-Shan-Gebirge südwestlich von Xian. Der Pilot James Gaussmann, der das Gebiet routinemäßig überflog und dabei auch die große namenlose Pyramide sichtete, erinnert sich an sein damaliges Erlebnis:
»Ich flog um einen Berg, und dann kamen wir über ein ebenes Tal. Direkt unter uns lag eine gigantische, weiße Pyramide. Es sah aus wie im Märchen. Die Pyramide war von schimmerndem Weiß umhüllt. Es hätte auch Metall sein können oder irgendeine Art von Stein. Sie war an all ihren Seiten völlig weiß. Das Bemerkenswerteste daran aber war die Spitze: ein großes Stück edelsteinähnliches Material. Es war für uns unmöglich zu landen, obwohl wir es gerne getan hätten. Wir waren von der gewaltigen Größe dieses Dinges tief beeindruckt.«[29]
Sogar eine Aufnahme dieses phantastischen Bauwerks existiert. Erstmals veröffentlichte sie der australische Autor Brian Crowley in seinem 1986 erschienenen Buch »The Face on Mars«. Mir wurde das Bild freundlicherweise von

Peter Krassa und Walter Hain zur Verfügung gestellt, bei denen ich mich an dieser Stelle herzlich bedanke. Aufgenommen wurde die spektakuläre Fotografie von der Luftwaffe der Vereinigten Staaten. Die Höhe der Pyramide wurde mit 305 Metern ermittelt, die Seitenlänge an ihrer Basis soll sogar 487 Meter messen. Im Gegensatz zu ihrem ägyptischen Pendant, das sie mühelos in den Schatten stellt, ist sie nicht ausschließlich aus Steinen aufgebaut. Ein bereits bestehender Hügel bildet die Basis für dieses größte, künstlich geschaffene Baudenkmal der Welt. An ihren Seiten zeugen Hangrutschungen von der Erosion, die Wasser und Wind in den vergangenen Jahrtausenden bewirkt haben. Trotzdem ist noch heute deutlich die quadratische Grundfläche sowie ein kleines Plateau an ihrer Spitze - ähnlich den Pyramiden in Mittelamerika - zu erkennen.[27]

Für Besucher nicht freigegeben

Der österreichische Schriftsteller Peter Krassa berichtet in seinem Buch »... und kamen auf feurigen Drachen« über die erhalten gebliebenen Fundamente von Rundpyramiden, die Professor Chi Pen-Lai gleichfalls am Dongting-See entdeckt hat. Zum Leidwesen aller an ungewöhnlichen Funden und Indizien Interessierten ist auch der Dongting-See noch nicht für ausländische Besucher freigegeben. Vielleicht ist es möglich, in absehbarer Zeit auch zu diesen geheimnisumwitterten Stätten in China zu gelangen. Die Städte im Dreiländereck der Provinzen Hubei, Hunan und Jiangxi rund um den See - Jiujiang, am Nordufer und auch am Yang-Tze-Fluß gelegen, Yoyang, südlich des Sees, sowie Jinshi und Changde im Westen, um hier nur die wichtigen

aufzuzählen - sind schon länger keine Sperrzone mehr. Seit Ende der achtziger Jahre gehören sie zu den offenen Orten und Regionen, welche die Volksrepublik China für in- und ausländische Touristen freigegeben hat.[1]
Vielleicht dauert es nun nicht mehr allzu lange, bis auch der Dongting-See mit den spektakulären Relikten auf der Jotuo-Insel allgemein zugänglich wird.
Ich bin überzeugt vom gleichwohl öffnenden wie verbindenden Einfluß des internationalen Tourismus. Auf lange Sicht wird es der Volksrepublik China nicht möglich sein, sich ihm zu entziehen. Dies haben weitblickende Verantwortliche in den zuständigen Ministerien längst erkannt. China wird seine Natur- und Kulturschätze - selbst jene unbequemen Tatsachen aus seiner phantastischen Geschichte - dem interessierten Publikum aus aller Welt eines Tages zugänglich machen. Das Ganze ist schlicht und einfach auch eine finanzielle Angelegenheit. Schon jetzt erbringt der Wirtschaftszweig Tourismus in manchen Ländern einen nicht unerheblichen Anteil des Sozialproduktes, und der Trend wird sich in den kommenden Jahren verstärken. Auch im aufwärts strebenden Reiseland China.
Und wir, die wir uns unsere eigenen, oftmals sehr spekulativen Gedanken über Herkunft und Geschichte der Menschheit auf diesem Planeten machen, können auch etwas dazu tun: immer und immer wieder darüber schreiben. Erich von Däniken schrieb über die Grabplatte von Palenque und die Linien von Nazca. Mit dem Erfolg, daß sich ungezählte Menschen bisher auf den Weg machten, um selbst nachzuprüfen, ob die geschilderten Dinge tatsächlich existieren oder dem Autor nur die Phantasie durchgegangen ist. Palenque und Nazca wurden in der Zwischenzeit berühmt. Der Tourismus läßt die Kassen klingeln, was auch der Infrastruktur des jeweiligen Staates zugute kommt.

»Einmal sehen ist besser als tausendmal hören«, sagt ein altes chinesisches Sprichwort. Das sollten wir öfter beherzigen. Die Realität gewisser Artefakte kann dann von niemandem mehr in Frage gestellt oder dementiert werden, wie dies momentan noch bei den Funden aus dem Reich der Mitte passiert.

Führt ein Weg in diese Zonen?

Anfang Juli 1993 – meine Arbeiten am Manuskript zu diesem Buch waren in groben Zügen abgeschlossen – lernte ich Herrn Chen Jianli kennen. Dieser freundliche, aus Xian stammende Mann arbeitet bei einem mir bekannten Reiseveranstalter und bearbeitet dort das Zielgebiet China und Fernost. Dabei kommen ihm seine guten Verbindungen in seinem Heimatland sehr gelegen. Unter anderem kennt er mehrere hochrangige Funktionäre im Ministerium für Tourismus in Peking persönlich. Dies hat seinem Arbeitgeber bisher so manche verschlossene Tür geöffnet.
Herr Chen Jianli zeigte sich sehr fasziniert von den hier beschriebenen Indizien, die auf den Besuch außerirdischer Intelligenzen in der Geschichte Chinas hindeuten. Besonders interessierten ihn natürlich die Berichte über Baian-Kara-Ula, Khara-Khota und die Pyramiden in dem Tal nahe seiner Heimatstadt Xian, ebenso die Ergebnisse der Ausgrabungen am Dongting-See.
Nach einem durchdiskutierten Abend bot mir Herr Chen Jianli schließlich an, all seine Beziehungen zu Ministern und Funktionären in die Waagschale zu werfen, um mir und einem sehr kleinen Kreis von Interessierten die Einreise in diese bislang unzugänglichen Zonen zu ermöglichen.

Mir ist bewußt, daß ich nicht der einzige bin, der seit längerem mehr als gespannt ist auf die Lösung einiger brisanter Rätsel im Reich der Mitte. Und so habe ich mich spontan dazu entschlossen, Herrn Chen Jianlis liebenswürdiges Angebot bei nächster Gelegenheit wahrzunehmen. Warten wir ab, welch spektakuläre Neuigkeiten dann aus China in den Westen gelangen …

4 Der große Unterschied: *Drache ist nicht gleich Drache*

Es besteht ein tiefgreifender Unterschied zwischen den Drachen in asiatischen, speziell in den chinesischen Mythologien und seinem abendländischen Gegenstück. In unseren Legenden werden die Drachen als bösartig, grausam und mit allen Attributen des Bestialischen behaftet charakterisiert. Oft bewachen sie Schätze und Gefangene unter der Erde oder auf dem Meeresgrund. In einer babylonischen Überlieferung schlägt Gott Marduk die Drachenarmeen der bösen Göttin Tiamat, in der skandinavischen Saga schlägt Sigurd den Drachen Fafnir und gewinnt dessen gehortetes Gold.

Die christliche Tradition machte den Drachen zu einem Wesen des Teufels, zur Verkörperung alles Bösen, das vom Erzengel Michael aus dem Himmel verstoßen wurde. Sankt Georg, der englische Nationalheilige, soll einen Drachen getötet haben, um die heidnische Bevölkerung zu retten und zum Christentum zu bekehren. Nach der Offenbarung des Johannes werden am Jüngsten Tag Drachen und andere schreckliche Kreaturen besiegt und in die Hölle geworfen. Auch im gewachsenen christlichen Brauchtum hat der Drache seinen festen Platz. So wird noch heute in Bayern der symbolische »Drachenstich« jedes Jahr wiederholt. Der Höhepunkt der Aufführung ist, wenn der heilige Georg eine Blutblase im nachgebildeten Drachen durchstößt. Das Blut wird von den Zuschauern aufgewischt und über die Felder gegossen, um für eine gute Ernte zu sorgen.

Im Gegensatz dazu gilt der asiatische Drache als wohlwollend und glücksbringend, wenngleich mitunter auch ein wenig launenhaft. Das blutrünstige Drachentöten, eines der Leitmotive unserer westlichen Sagenwelt, ist in Ostasien vollkommen unbekannt. In der fernöstlichen Philosophie gilt der Drache (chinesisch »lung«, japanisch »tatsu« oder »ryu«) sogar als Bindeglied zwischen dem Himmel und der Erde.

Solche Unvereinbarkeiten legen die Schlußfolgerung nahe, daß die beiden Drachenbegriffe auf unterschiedliche Ursprünge zurückzuführen sind.

Obgleich unsere Paläontologen davon ausgehen, daß der Mensch und die gewaltigen Dinosaurier, die das Erdmittelalter vor rund 250 bis 60 Millionen Jahren hervorbrachte, keine gemeinsamen Wege gingen, wird heutzutage das Entstehen des Drachenmotivs in unseren Breiten gern auf eine Art Urerinnerung zurückgeführt. Diese soll uns von den frühesten Säugetieren, die igelgroß im Schatten der Riesenechsen ihr Dasein fristeten, über alle Entwicklungsstufen bis hin zum Homo sapiens vererbt worden sein.

Professor Carl Sagan nennt dies eine Rassenerinnerung und spekuliert, daß der Drache das Bild eines vage erinnerten, aber traumatischen Saurier-Menschenaffen-Konfliktes ist, das sich ins kollektive Gedächtnis der Menschheit unauslöschlich eingeprägt hat.[30]

Im Widerspruch dazu steht die Tatsache, daß in den mesozoischen Schichten am Paluxy River bei Glen Rose, Texas, zu Hunderten sauber erhaltene Trittspuren von Dinosaurierfüßen gefunden wurden, daneben die Fußabdrücke von Menschen! Seltsamerweise postulierte bereits 1888 die Theosophin H. P. Blavatsky in ihrer »Geheimlehre«, daß »die Kenntnis solcher Tiere (Drachen) ein Beweis für das außerordentliche Alter des Menschengeschlechts ist«.[31]

Fliegende Drachen und arme Sünder

Eine andere Überlegung besagt, unsere frühen Vorfahren seien bei der Anlage von Bergwerken auf fossile Skelette gestoßen. Daraus hätten sich dann die Sagen und Legenden um die Drachen gebildet. Dies kann als eine mögliche Erklärung gelten, wurden doch bis in weit aufgeklärtere Zeit riesige fossile Knochen von den akademischen Koryphäen jener Tage als Überreste von Drachen identifiziert. Umgekehrt wurde dann auch das versteinerte Skelett eines Riesensalamanders aus der Tertiärzeit (zwischen 60 und 1 Million Jahre vor unserer Zeitrechnung) als traurige Überreste eines »in der Sintflut ertrunkenen armen Sünders« klassifiziert. Sein Entdecker, der Züricher Naturforscher und Arzt Johann Jakob Scheuchzer (1672–1733), ersann für ihn die wissenschaftliche Bedeutung »homo diluvii testis«: Mensch, Zeuge der Sintflut.[32,33] Erst der französische Zoologe Georges Cuvier (1769–1832) klärte diesen Irrtum viele Jahre später auf.[34]

Speziell in Mitteleuropa gibt es zahllose Drachenberge, Drachenhöhlen und Drachenlöcher, an die sich die entsprechenden Drachengeschichten knüpfen. Im deutschsprachigen Raum besonders bekannt sind der Drachenfels im rheinischen Siebengebirge, auf dem Siegfried den Drachen der Nibelungensage erschlagen haben soll, die Drachenhöhle nahe Mixnitz in der Steiermark, das Drachenloch im schweizerischen Taminatal und diverse Drachenhöhlen im Schwäbischen und in den Alpen. In einigen dieser Höhlen wurden tatsächlich versteinerte Knochen gefunden, die das abergläubische Volk für Drachenreste hätte ansehen können.

Der deutsche Arzt Patersonius Hayn, der nach Ungarn ausgewandert war, durchforschte um die Mitte des 17. Jahr-

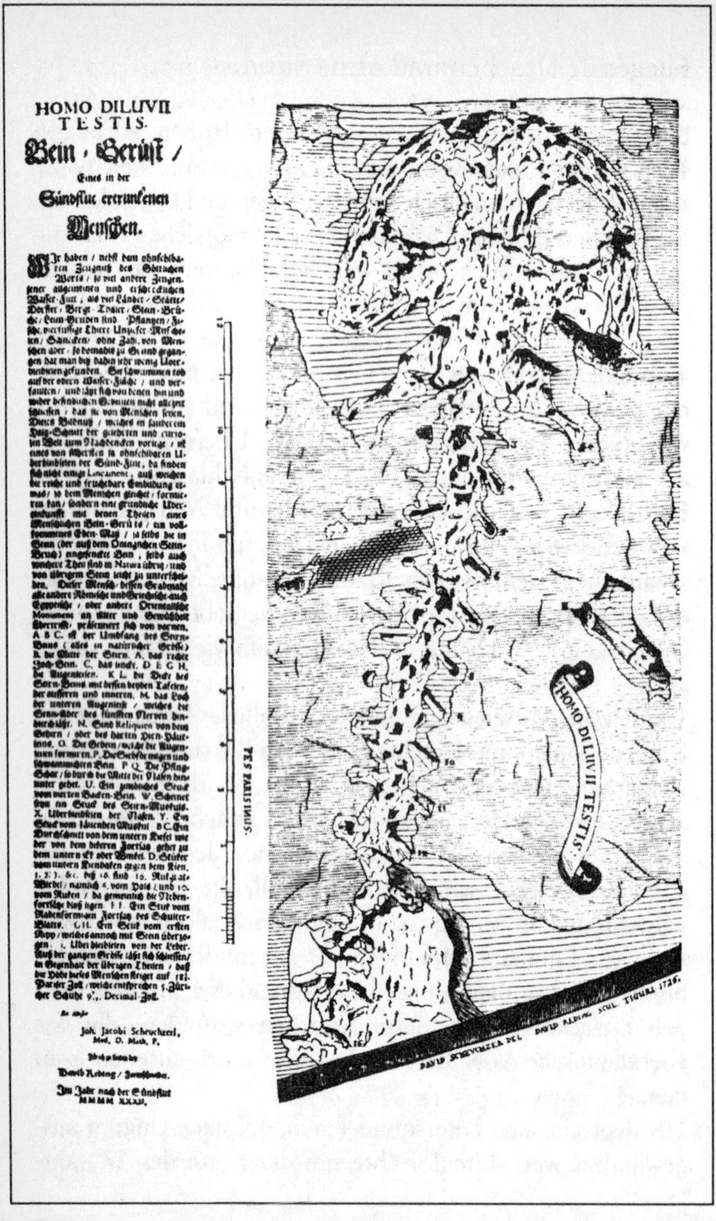

HOMO DILUVII TESTIS.

Bein-Gerüst /

Eines in der

Sündflut ertrunkenen

Menschen.

WIr haben / nebst dem ohnfehlbaren Zeugnuß des Göttlichen Worts / so viel andere Zeugen jener allgemeinen und erschrecklichen Wasser-Flut / als viel Länder / Stätt / Dörfer / Berg-Thaler / Stein-Brüche / Leim-Gruben sind. Pflanzen / Fische / vierfüssige Thiere / Ungezifer / Muscheln / Schnecken / ohne Zahl / von Menschen aber / so damahls zu Grund gegangen hat man bis dahin sehr wenig Uberbleibselen gefunden. Sie schwimmten tod auf der obern Wasser-Fläche / und verfaulten / und läßt sich von denen hin und wider befindlichen Gebeinen nicht allezeit schliessen / daß sie von Menschen seyen. Dieses Bildnuß / welches in sauberem Holz-Schnitt der gelehrten und curiosen Welt zum Nachdenken vorlege / ist eines von sicheristen ja ohnfehlbaren Uberbleibselen der Sünd-Flut / da finden sich nicht einige Lineament / aus welchen die reiche und fruchtbare Einbildung etwas / so dem Menschen gleichet / formieren kan / sondern eine gründliche Ubereinkunfft mit denen Theilen eines Menschlichen Bein-Gerüsts / ein vollkommenes Eben-Maß / ja selbs die in Stein (der auß dem Oeningischen Stein-Bruch) eingesenckte Bein ; selbs auch weichere Theil sind in Natura übrig / und von übrigem Stein leicht zu unterscheiden. Dieser Mensch / dessen Grabenmahl alle andere Römische und Griechische auch Egyptische / oder andere Orientalische Monument an Alter und Gewüßheit übertrifft / präsentiert sich von vornen. A B C. ist der Umbfang des Stirn-Beins (alles in natürlicher Grösse) B. die Mitte der Stirn. A. das rechte Joch-Bein. C. das lincke. D E G H. die Augenleisten. K L. die Dicke des Stirn-Beins mit dessen beyden Tafelen / der äusseren und inneren. M. das Loch der unteren Augenleise / welches die Gewäder des fünfften Nerven hindurchläßt. N. Sind Reliquien von dem Gehirn / oder des harten Hirn-Häutleins. O. Die Gebein / welche die Augenleisten formieren. P. Die Siebförmigen und schwammichten Bein. P Q. Die Pflug-Schar / so durch die Mitte der Nasen hinunter gehet. U. Ein zimblisches Stuck vom vierten Backen-Bein. W. Scheinet seyn ein Stuck des Stirn-Muskuls. X. Uberbleibslen der Nasen. Y. Ein Stuck vom käuenden Muskul. B C. Ein Durchschnitt von dem untern Kiefel wie der von dem hinteren Fortsatz gehet zu dem untern Eck oder Winkel. D. Stücker vom untern Kienbaken gegen dem Kien. 1. 2. 3. &c. biß 16. sind 16. Rukgrat-Wirbel / nämlich 6. vom Hals / und 10. vom Ruken / da gemeiniglich die Nebenfortsätze bloß ligen. F F. Ein Stuk vom Rabenförmigen Fortsatz des Schulter-Blatts. G H. Ein Stuk vom ersten Ripp / welches annoch mit Stein überzogen. i. Uberbleibslen von der Leber. Auß der ganzen Grösse läßt sich schliessen / in Gegenhalt der übrigen Theilen / daß die Höhe dieses Menschen steiget auf 18½. Pariser Zoll / welche entsprechen 5. Züricher Schuhe 9⅔. Decimal-Zoll.

[illegible]

Joh. Jacobi Scheuchzeri,
Med. D. Math. P.

[illegible]

David Reding / Formschneider.

Im Jahr nach der Sündflut
MMMM XXXII.

Mißgedeutete Fossilien: »Homo diluvii testis« des Züricher Naturforschers Johann Jakob Scheuchzer (1672–1733).

hunderts einige Drachenhöhlen in den kleinen Karpaten, wo er zahlreiche fossile Schädel fand. Ungefähr zur selben Zeit stieß ein anderer Deutscher mit Namen Vette in den Felshöhlen Siebenbürgens auf ähnliche Knochen. Alte Volkssagen aus dieser Region Südosteuropas sprechen von Drachen, die sogar fliegen konnten.[35]

Der Strom der Unterwelt

Georges Langelaan führt uns auf eine in diesem Zusammenhang interessante Spur. Geologen hätten demnach einen gewaltigen unterirdischen Strom entdeckt, der unter dem schweizerisch-französischen Juragebirge entspringt. Er schlägt danach nordwestliche Richtung ein, unterquert halb Europa, bis er an der Westküste Schottlands untermeerisch in den Atlantischen Ozean mündet. Sinnigerweise ziemlich genau bei einer Insel mit dem Namen »Jura«. Sie liegt gut 100 Kilometer westlich von Glasgow am Firth of Lourne, der fjordähnlichen Bucht, die am Anfang des Kaledonischen Kanals liegt. Dieser verbindet mehrere schottische Lochs miteinander, eines davon ist das bekannte Loch Ness.

Entlang diesem unterirdisch dahinfließenden Strom, der in geologischem Maßstab uralt sein muß, liegen zahlreiche Orte mit ähnlich klingenden Namen. Lokale Sagen und Legenden wissen übereinstimmend von drachenähnlichen Ungeheuern zu erzählen, die dort ihr Unwesen getrieben haben sollen. Selbst in den Wappen einer ganzen Reihe dieser Ansiedlungen werden Drachen geführt.[36]

Überlebten einige saurierartige Geschöpfe an entlegenen Stellen bis in geschichtlich erfaßte Zeiten oder gar bis in

unsere Tage? Trugen sie so zur Entstehung des Drachenbegriffs in unseren Breiten bei?
Ein noch relativ junger Wissenschaftszweig, die Kryptozoologie, befaßt sich mit der Möglichkeit, daß vereinzelte Vertreter dieser als längst ausgestorben geltenden Reptilien bis in unsere Zeit überlebt haben könnten. Die Verfechter dieser Ansicht versuchen dies mit Sichtungen von Geschöpfen zu belegen, die große Ähnlichkeit mit den Plesiosauriern des Erdmittelalters aufweisen sollen. Wie uns das Beispiel mehrerer vor der Küste Madagaskars gefangener Quastenflosser beweist – sie galten bis dahin als seit mindestens 60 Millionen Jahren ausgestorben –, scheinen tatsächlich einige Argumente für das Überdauern solcher »lebender Fossilien« zu sprechen.[35, 37]
Mit Absicht habe ich hier etwas weiter ausgeholt, um den Unterschied zum Begriff des Drachens in Ostasien etwas deutlicher herauszuarbeiten.

Die neun Drachenarten der Chinesen

Wie schon erwähnt, gibt es einige recht augenfällige Merkmale, die den Drachen unserer Breiten von seinem fernöstlichen Pendant unterscheiden. Als Symbol von Güte und Stärke glaubte man ihn oft in unzugänglichen Bergen und auf dem Grund des Meeres versteckt. Auch sprach man ihm gern die Eigenschaft zu, sich unsichtbar zu machen, so winzig wie eine Seidenraupe zu erscheinen oder so groß, daß er Himmel und Erde ausfüllt.
Die chinesische Mythologie, die sich recht eindrucksvoll in subtilen, künstlerischen Darstellungen auszudrücken vermag, weiß neun verschiedene Drachentypen zu benennen:

1. Der auf Glocken oder Gongs abgebildete Drache, der die Gewohnheit haben soll, laut zu brüllen, besonders dann, wenn er von seinem Erzfeind, dem Wal, angegriffen wird.
2. Der auf Musikinstrumenten eingeschnitzte Drache, dem eine besondere Vorliebe für die Musik zu eigen ist.
3. Die Literatur hingegen soll den Drachen begeistern, der auf Stelen gezeigt wird.
4. Auf Brückenpfosten dargestellte Drachen sollen eine Vorliebe für das Wasser haben, oft werden sie ähnlich einem Fisch mit aufgestelltem Schwanz dargestellt. Diese Drachen ziehen es vor, Ausschau zu halten und ihre Umgebung genau zu beobachten.
5. Dem Drachen auf dem Thron eines Buddhas wird eine Neigung zum Verweilen nachgesagt.
6. Der an der Basis von Steindenkmälern eingeritzte Drache, der sehr schwere Lasten auszuhalten vermag.
7. Den Drachen auf Tempeldächern wird nachgesagt, daß sie die Gefahr besonders lieben.
8. Auf Schwertgriffen eingravierte Drachen gelten für gewöhnlich als kampflustig und draufgängerisch.
9. Auch vom Drachen auf Gefängnistoren wird gesagt, daß er sehr streitsüchtig ist. Darüber hinaus liebt er es, seine Kräfte und Energien so einzusetzen, daß es unbändig und schreckeinflößend auf die Menschen wirkt.

Wirklich sehr seltsame Charakteristika für diese mythologischen Monster!

Nicht selten werden die chinesischen Drachen mit einem kleinen, runden Gegenstand abgebildet, beispielsweise auf den sogenannten Drachenwänden, von denen es noch einige sehr gut erhaltene Exemplare in Peking und Datong gibt. Diese Darstellungen deutet man verschiedenartig, zumeist aber als Drachen, die um die Sonne, den Mond oder um eine Perle der Kraft und Stärke, deren Verlust verminderte Macht mit sich bringt (!), kämpfen.[1]

Wie die geflügelten Schlangen bei den Mayas und Azteken Mittelamerikas scheinen die fernöstlichen Drachen gleichfalls ein kosmisches Symbol darzustellen, auf einen sehr realen technischen Hintergrund hinzudeuten. Wie die geflügelte Schlange hat der Drache seinen angestammten Platz in vielen Schöpfungsmythen, und ein Zusammenhang mit dem Weltraum erscheint offensichtlich.[38]

Die ältesten Mythen Chinas berichten, daß die Vorfahren der Chinesen auf »feurigen Drachen« auf die Erde kamen. In einer alten Schrift aus dem zweiten vorchristlichen Jahrhundert, dem »Huai-nan-tsu«, steht geschrieben: »Geister stiegen oft zu den Menschen herab, um sie die göttliche Weisheit zu lehren.« Und aus demselben Werk stammen die Worte: »Alles entstand aus dem Drachen.«

In den Schilderungen der chinesischen Drachen tauchen häufig Details auf, die die Überlegung rechtfertigen, daß es sich wohl eher um Verzerrungen von Sichtungen und Begegnungen mit UFO-ähnlichen Flugobjekten vor Tausenden von Jahren handeln mag. Weniger um Beschreibungen lebender Drachen, welcher Tiergattung sie auch immer angehört haben mögen. Drachen sollen »auf Winden gen Himmel geröhrt«, aber auch fähig gewesen sein, bis in die Tiefe der Meere hinabzustoßen.

Diese Charakterisierung assoziiert erstaunliche Parallelen zu den rätselhaften Donnervögeln aus der Mythologie der Eskimos. Diese ebenfalls zur gelben Rasse zählende Menschengruppe weiß über ihre Herkunft zu berichten, daß ihre Vorfahren in grauer Vorzeit genau von diesen Donnervögeln mit großem Getöse in die Regionen des ewigen Eises deportiert worden sind.

Und auch in den Überlieferungen der nordamerikanischen

Indianerstämme ist der »Thunderbird«, wie der Donnervogel hier genannt wird, wohlbekannt.
Die legendären Urkaiser des Reiches der Mitte, die von jeher als »Söhne des Himmels« bezeichnet wurden, sollen über außerordentliche Kenntnisse und Fähigkeiten verfügt haben. Durch den fliegenden Drachen standen sie mit den Göttern des Himmels in dauernder Verbindung.[39]
Der sagenhafte Kaiser Yü, dem die Gründung der Xia-Dynastie (ca. 2100–1600 v. Chr.) zugeschrieben wird, soll – wie seinerzeit der weise König Salomo im Israel des Alten Testaments – im Besitz eines fliegenden Wagens gewesen sein. Kaiser Yü's Himmelswagen wurde von zwei Drachen gezogen. Dies brachte dem Regenten bei seinen Zeitgenossen auch den Beinamen »Herr der Lüfte« ein.

Höhenflüge

Aber nicht allein die Angehörigen des Kaiserhauses scheinen über einen guten Draht zu den Himmlischen verfügt zu haben. So erstattet der Dichter Chi Yuan (340–278 v. Chr.) in seinem Werk »Li Sao« Bericht von einer Flugreise über Zentralasien. Er weilte gerade am Grab des Kaisers Chun, als »ein Wagen aus Jade, den vier Drachen zogen«, erschien. Mutig stieg Chi Yuan in das Gefährt und überflog China in beachtlicher Höhe Richtung Westen, auf das Kun-Lun-Gebirge zu. Dieses im Norden an die Wüste Takla-Makan angrenzende Gebirge weist immerhin einige Berge mit einer Höhe von gut 7700 Metern über dem Meeresspiegel auf. Südöstlich davon schließt sich die Gebirgskette von Baian-Kara-Ula an.
Im Verlauf seines Fluges konnte er von oben die Erde be-

trachten, ohne dabei vom Wind noch von den in der Wüste Gobi so häufig auftretenden Sandstürmen beeinträchtigt zu werden. Danach landete er wieder sicher auf der Erde. Zu einem späteren Zeitpunkt soll Chi Yuan nochmals Gelegenheit gehabt haben, per »Drachenwagen« das Kun-Lun-Gebirge zu überfliegen.

Von einer noch weiteren Reise berichtet der Philosoph Chuang Tse im vierten vorchristlichen Jahrhundert. In seiner Erzählung, die den Titel »Reise ins Unendliche« trägt, berichtet er, wie er auf dem Rücken eines »sagenhaften Vogels von riesigen Ausmaßen« umgerechnet 53000 Kilometer von unserer Erde weg in den Weltraum hinaus geflogen ist.[5]

Wer sich partout nicht vorstellen kann, daß mit den Drachen aus der Vorzeit Chinas Raumfahrzeuge oder - ganz allgemein - fliegende, technische Apparaturen beschrieben sein könnten, dem mag das hier folgende Beispiel eine hilfreiche Eselsbrücke bauen.

Sollte unsere Zivilisation - was ich nicht hoffen will - dereinst in Schutt und Asche fallen, werden Generationen von Altertumsforschern Tausende Jahre später eine harte Nuß zu knacken haben. In den wenigen erhaltenen schriftlichen Zeugnissen aus dieser für sie unverständlichen Epoche ist sehr häufig von offensichtlich mythologischen Wesen die Rede, die nach Tieren benannt sind: ein »Jaguar«, gepaart mit der geballten Kraft von über 200 Pferden. Was soll das? Ungläubig werden die zukünftigen Gelehrten die Köpfe schütteln und ihre liebe Not dabei haben, die für uns so geläufigen Produkte unserer Automobiltechnik auch als solche zu erkennen. Sie werden diese als »mythologische Gestalten« in der Schublade »Sagen und Legenden« ablegen. File and forget.

Einen Drachen, der mit hoher Geschwindigkeit feuerspeiend

in den Lüften fliegt und dabei einen ohrenbetäubenden, röhrenden Lärm erzeugt, werden sie wohl vollends als Ausgeburt einer blühenden Phantasie unserer chaotischen Zeit abstempeln. Und nicht ahnen, daß sie damit das real existierende Mehrzweck-Kampfflugzeug »Draken« (Drache!) der königlich-schwedischen Luftwaffe ins Reich der Fabel verwiesen haben.

Die Legende vom Drachenpalast

Eine alte chinesische Überlieferung erzählt von einem untermeerischen Drachenpalast, welcher fünf bis sechs Tagesreisen mit dem Schiff von der nahe Shanghai gelegenen Stadt Suzhou entfernt im ostchinesischen Meer lag. Dieses Seegebiet wurde ängstlich gemieden aufgrund seiner Turbulenzen, seltsamer Geräusche und vor allem wegen eines geisterhaften roten Lichtes, das des Nachts so hell wie die Sonne strahlte.[37]

Beobachteten die chinesischen Seeleute etwas, das wir heutzutage als Unterwasserbasis für unbekannte Flugobjekte bezeichnen würden?

Und starteten von besagtem Drachenpalast aus die silbernen Flugdrachen, die den mythologischen Helden No-cha beim Kampf gegen seine Widersacher unterstützten?

Jener No-cha muß ein reichbestücktes Arsenal außerordentlich wirkungsvoller Waffen besessen haben, mit denen er seinen Feinden kräftig einheizen konnte. So vernichtete er seinen Rivalen Chang-kuei-feng vermittels eines sogenannten »Wind-Feuer-Rades«, hinter dessen verschleiernder Bezeichnung sich eine recht hochentwickelte Waffe verborgen haben mag. Und mit seinem »Himmel-und-Erde-Arm-

band« vermochte er den Boden unter all jenen erzittern zu lassen, die ihm nicht gutgesonnen erschienen.[3]
Gleichlautendes kennen wir doch von Bep-Kororoti, dem aus dem Weltraum gekommenen Lehrmeister aus der Mythologie der brasilianischen Kayapo-Indianer. Worauf er auch immer mit seiner Wunderwaffe mit Namen »Kop« anlegte und schoß, alles erzitterte unter ihrer tödlichen Wirkung.[16]
Die altchinesische Mythologie steckt überhaupt voll von respektgebietenden Waffensystemen, die einen Vergleich mit jenen der altindischen Veden und des »Mahabharata« wirklich nicht zu scheuen brauchen. Da ist von »Blitzspießen« die Rede und von »Donnerschlägen«, von »kugelförmigem Feuer« und »glänzenden Lichtstrahlen« für die offensive Kriegsführung. Und auch für die Defensive waren die Helden der alten Chinesen wohlgerüstet: schützende »Rauchschirme« und »Schleier der Unsichtbarkeit« deckten den Rückzug, hatte man sich strategisch einmal etwas verkalkuliert.
Wie die Götter der alten Inder aus ihren sagenhaften Vimanas heraus sollen auch die Helden der entsprechenden chinesischen Überlieferungen fähig gewesen sein, feindliche Objekte über große Entfernungen optisch wie akustisch wahrzunehmen.[3] Die NATO-Wunderwaffe AWACS (»airborn warning and control system«), was soviel wie radargestütztes Luftüberwachungssystem bedeutet, dürfte das moderne Gegenstück hierfür zu sein.
Vimanas im alten Indien, die fliegenden Schlangen Mittelamerikas, silberne Flugdrachen im Reich der Mitte: Sind das nur verschiedene Bezeichnungen für ein und dieselbe harte Realität? Es muß doch wohl eine besondere Bewandtnis mit jenen Drachen im alten China gehabt haben, und es fehlt auch nicht an diversen Erklärungsversuchen.

Mir erscheint eine technische Interpretation für eine ganze Reihe von Berichten gar nicht so unwahrscheinlich. Waren die fliegenden Drachen das Fluggerät der Astronautengötter Chinas?

Drachenwege, Ley-lines, UFO-Flugrouten

Eng mit dem Begriff des Drachens verbunden ist die aus uralten Zeiten stammende Geomantie, in China Fen-shui genannt. Diese etwas verwirrende Wissenschaft basiert auf dem Begriff der Drachenwege (chin. »lung-mei«), die oft mit Kraftlinien gleichgesetzt werden, welche sich netzartig über den gesamten Erdball ausbreiten.
Während die verschiedenen kaiserlichen Dynastien jahrtausendelang über China herrschten, wurden stets die Fen-shui-Meister vorher befragt, wenn es darum ging, einen Tempel, eine Pagode oder ein Grabmal an einer dafür bestimmten Stelle zu errichten. Sehr früh kamen die Chinesen – wodurch eigentlich? – zu der Erkenntnis, daß die Erdoberfläche von starken Energieströmen, den Magnetlinien, durchzogen wird. Die Aufgabe der Geomanten bestand nun darin, jene Ströme zu lokalisieren, um letztendlich die günstigsten und die der kosmischen Harmonie am wenigsten abträglichen Standorte zu ermitteln. Die Wissenschaft des Fen-shui galt als heilig.
Diesem System haben wir auch die großartig gestalteten Gartenlandschaften zu verdanken, für die China so bekannt ist. Keine Pagode, kein Baum darin, nicht einmal bescheidene Steinsetzungen in diesen Parkanlagen wurden dem Zufall überlassen. Berge nehmen in der fernöstlichen Geomantie einen ganz besonderen Rang ein. Schon in den Schriften

aus der Zeit der späten Han-Dynastie (206 v. Chr.-220 n. Chr.) finden Berge als Zentren kosmischer Energie Erwähnung; ihnen wurde bereits in frühester Zeit Ehrfurcht und großer Respekt zuteil.
Die ersten neuzeitlichen Abendländer, die mit dieser Fen-shui-Lehre konfrontiert wurden, waren europäische Unternehmer und Geschäftsleute, die im 19. Jahrhundert zur Erschließung des Riesenreiches nach China gekommen waren. Sie stießen dort stets auf äußerst heftigen und langanhaltenden Widerstand bei der Ausführung ihrer Vorhaben. So durften, um ein Beispiel zu nennen, Eisenbahnlinien nicht geradewegs durch ebenes Gelände verlegt werden, und gänzlich verboten war es, Tunnels durch sogenannte Drachenhügel zu graben.[40]
Sogar in diesen Tagen scheint dieses Prinzip noch Gültigkeit zu besitzen. So wurde es beim Bau des 1986 eingeweihten Hochhauses der Hongkong-Bank konsequent befolgt. Bei dem noch höheren Bau der Bank of China wurde ohne Beachten der Fen-shui-Regeln gebaut. Was sich nun zu rächen scheint: Zwischenwände stürzen ein, Fenster gehen zu Bruch, und hier und da bricht sich auch jemand ein Bein.[41]
In der Repulse-Bay im Süden von Hongkong-Island fand ich ein besonders schönes Beispiel kompromißloser Verwirklichung von Fen-shui in einem modernen Bauwerk. In einem wellenförmig gebauten Wohnkomplex, auf einer Anhöhe etwas über der beliebten Badebucht der Hongkong-Chinesen stehend, klafft ein riesiges »Fenster«, sieben Stockwerke hoch und mehrere Appartements in der Breite. Es wurde einfach ausgespart. Meiner ursprünglichen Vermutung, man habe es hier wohl mit einer Art Schutzvorrichtung gegen die in dieser Region des öfteren auftretenden Taifune zu tun, wurde sehr schnell von seiten einiger

7 Akupunktur, das uralte Heilverfahren der Chinesen. Ein Geschenk der »Götter« aus dem All an ihre Geschöpfe?

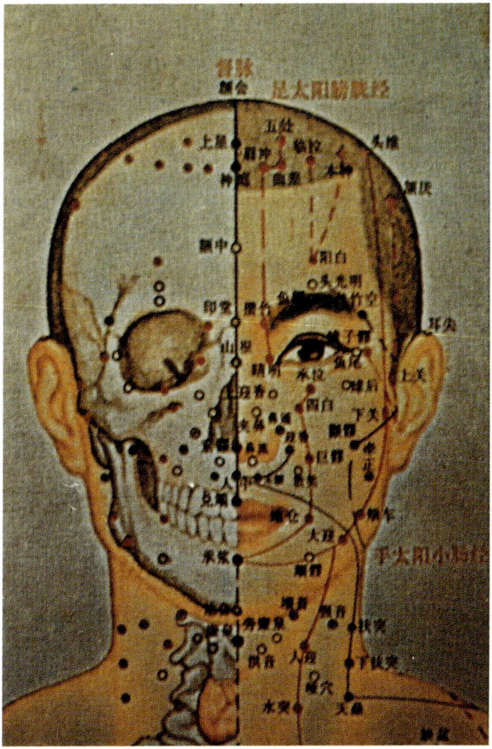

7

8 Künstlerische Rekonstruktion eines Reliefs, das man in einem Labyrinth auf der Felseninsel Jotuo im Dongting-See entdeckt hat.

8

9

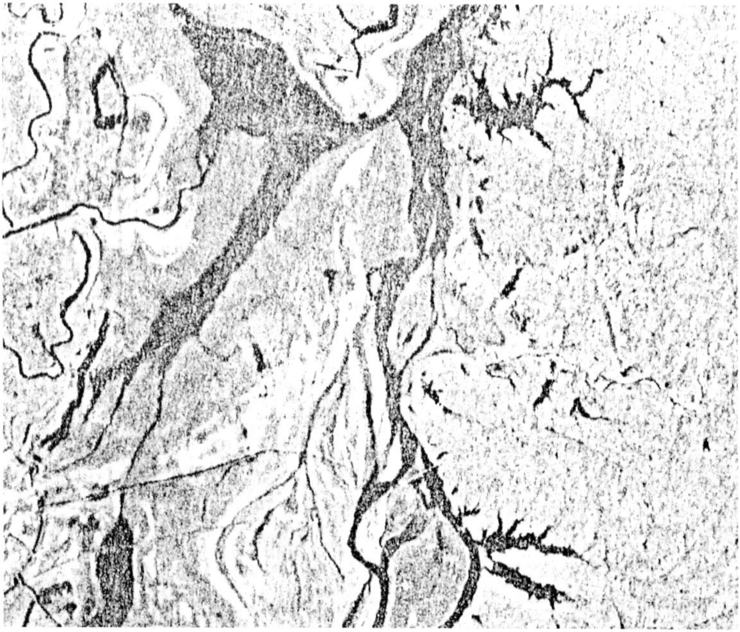

10

11

12

9 Vergrößerung eines Satellitenbildes vom Dongting-See und seiner Umgebung. Deutlich sind mehrere Inseln zu erkennen. Wo ist die Jotuo-Insel mit ihren Relikten unschätzbaren Alters? (links oben)

10 Luftaufnahme der riesigen »Weißen Pyramide« in den Bergen südwestlich von Xian. Aufgenommen in den letzten Tagen des Zweiten Weltkrieges von einem Piloten der US-Air-Force, ist es das bislang weltweit einzige existierende Foto des gigantischen Bauwerks. (links unten)

11, 12 Zwei Fotos der zahlreichen Pyramiden aus der Umgebung von Xian, nur wenige hundert Meter neben der Schnellstraße zum neuen Flughafen. Die gleichfalls oben abgeflachten mexikanischen Pyramiden sahen bei ihrer Entdeckung auch nicht anders aus, verwittert und überwachsen!

13

14

13 Drachendarstellung au der chinesischen Mytholo gie. Immer wieder werde die Drachen im Ferne Osten mit dem Himmel, m dem Weltraumflug in Ver bindung gebracht.

14 Ein Beispiel angewand ter Fen-Shui-Lehre aus der modernen Hongkong. Deu lich erkennt man das Loc für den Drachen in der rech ten Hälfte des Hauses.

ortsansässiger Chinesen widersprochen. Hierbei handle es sich, erklärte man mir, um eine absichtlich frei gelassene Aussparung im Gebäude: Man wollte den Drachenweg, der auf dem im Hintergrund liegenden Berg beginnt und mitten durch das Wohnhaus führt, keinesfalls unterbrechen. Lung-mei!

Dieses System der Drachenwege findet in unseren Breiten seine Entsprechung in den geomantischen Energielinien[40], die speziell im angelsächsischen Sprachraum unter dem Begriff »Ley-lines« einen großen Bekanntheitsgrad erlangt haben. Hier stehen wir vor dem Phänomen, daß uralte heilige Stätten, sakrale Bauten (die viel später auf den Überresten als heidnisch bezeichneter Kultstätten errichtet worden sind), heilige Brunnen und Quellen und andere »magische« Plätze auf geraden Linien aufgereiht sind. Im Schnittpunkt solcher sich kreuzender Linien befinden sich Anlagen von herausragender Bedeutung: Stonehenge beispielsweise liegt an einer Kreuzung solcher Ley-lines.

Der Name Ley-lines rührt daher, daß die Namen vieler dieser Orte und Stätten auf die Silbe »-ley« enden.

Gibt es einen gemeinsamen Nenner?

Eine gewagte Spekulation tut sich auf in Verbindung mit dem heutigen UFO-Phänomen. Aus den ausgewerteten Flugdaten von Sichtungen unbekannter Flugobjekte glauben manche Erforscher dieses Phänomens gleichfalls eine Art Liniengitter nachweisen zu können, ein System, das hinter den Flugrouten der unidentifizierten Objekte stecken soll.

Als erster, der Nachforschungen in dieser Richtung betrieb, gilt der französische Ingenieur und UFO-Ermittler Aimé

Michel. Als er die Beobachtungen eines Tages aus dem Jahre 1954, in dem Frankreich von einer wahren Sichtungswelle überflutet wurde, auf eine Karte übertrug, konnte er eine erstaunliche Entdeckung machen. Alle Flugrouten schienen in geraden Linien ausgerichtet zu sein. An einigen Punkten sah es so aus, als ob sich ihre Aktivitäten konzentrierten, denn mehrere Linien kreuzten sich hier. Michel prägte für diese linienförmige Anordnung den Begriff Orthotenie, was soviel wie »sich in einer geraden Linie erstrecken« bedeutet. Ähnliche Fälle, bei denen sich ein regelrechtes Liniengitter zeigte, wurden auf der ganzen Welt registriert, unter anderem auch in Spanien und Brasilien.[42]

Zwar nimmt die Wahrscheinlichkeit für ein zufälliges Zustandekommen derartiger Liniennetze rasch zu, wenn die Gesamtzahl der Beobachtungen sowie die Breite des Flugkorridors steigen. Und mit großer Sicherheit lassen sich auch eine Reihe der zugrunde liegenden Sichtungen auf normale Ursachen zurückführen. Trotzdem bleibt es sehr rätselhaft, warum diese modernen Liniengitter so große Ähnlichkeiten mit jenen aus prähistorischen Zeiten aufweisen.

Möglicherweise schließt sich einmal der Kreis, und es werden Zusammenhänge offenbar, die einen gemeinsamen Ursprung jener Ley-lines, von UFOs und den Drachen aus der geheimnisumwitterten Vorzeit Chinas erkennen lassen. Bis dahin sollten wir jeder Spekulation, wie gewagt sie auch immer sein mag, ihren gleichberechtigten Platz unter allen anderen Annahmen zukommen lassen.

5 Tibet, Dach der Welt: *Sind die Astronautengötter noch unter uns?*

Tibet, das seit dem Jahr 1959 als Autonome Provinz Xizang im Staatsverband der Volksrepublik China ist, gilt mit seinen zwei Millionen Quadratkilometern Fläche als das größte Hochland der Erde. Es erstreckt sich zwischen dem Kun-lun-Gebirge im Norden und dem Himalaya im Süden und setzt sich zusammen aus Bergland mit Sieben- und Achttausendern sowie Hochebenen, die 4000 bis 5000 Meter über dem Meeresspiegel liegen. Der Tourist, der das Land besucht, sollte Anstrengungen vermeiden: Die Luft ist sehr dünn in dieser Höhe!

In seinen oft unwirklich anmutenden Steppen und Felsenwüsten liegen zahlreiche Lamaklöster. Bis zum Ende der fünfziger Jahre lebte denn auch rund ein Drittel der männlichen Bevölkerung als Mönche. Geistiges und weltliches Oberhaupt der Tibeter ist der Dalai-Lama (tibetisch: »Gyalwa Rinpoche«), der für die Gläubigen ein Wesen halb Mensch und halb Gott verkörpert. Der gegenwärtige, vierzehnte Gyalwa Rinpoche, Bstan'-dzin-rgya-mtsho, wurde 1935 in der chinesischen Provinz Qinghai als Kind tibetischer Eltern geboren und 1940 im zarten Kindesalter von fünf Jahren als Herrscher des Landes auf dem Dach der Welt inthronisiert.

Wie um seine Vorgänger – oder besser gesagt, vorhergehenden Inkarnationen – rankt sich auch um diesen Gottkönig manch unglaubliche Geschichte.

Liebling der Götter

Obwohl die chinesische Volksbefreiungsarmee bereits im Jahre 1950 in Tibet einmarschierte, lehnten sich die Tibeter noch jahrelang gegen die Chinesen auf, bis sie 1959 endgültig besiegt wurden. Dies hatte zur Folge, daß der Dalai-Lama gezwungen war, mit seinen wichtigsten Gefolgsleuten ins Ausland zu flüchten, um der drohenden Gefangennahme und Internierung zu entgehen.

Auf dieser Flucht ereigneten sich einige haarsträubende Vorfälle. Als der Dalai-Lama mit seinen Leuten den Gebirgspaß erreichte, der nach Indien führt, hüllte urplötzlich ein wie aus dem Nichts erschienener Nebel die ganze Gegend ein. Suchflugzeuge der Chinesen, die aufgestiegen waren, mußten unverrichteter Dinge wieder umkehren. Am Boden deckte ein heftiger, gleichfalls unvermittelt einsetzender Schneesturm alle Fußspuren zu und vereitelte seine Verhaftung durch die ihn verfolgenden Soldaten. Er entkam ohne Gefahr ins Exil nach Dharamsala im Norden Indiens, das er übrigens seiner Freundschaft mit dem damaligen Premierminister Jawaharlal Pandit Nehru (1889–1964) verdankt. Noch heute leben dort bis zu 100 000 Tibeter zum Teil in Flüchtlingslagern und unterstützen ihr Oberhaupt moralisch in seiner noch immer beanspruchten Oberhoheit über Tibet.

Wenn die Seele auf Wanderschaft geht

Reichlich seltsam und kompliziert sind auch die Prozeduren, die zur Inthronisierung eines neuen Dalai-Lama führen. Sie können sich über Monate, wenn nicht sogar Jahre hinziehen. Nach traditioneller Auffassung wird der dahingeschiedene Gyalwa Rinpoche kurz nach seinem Tode in einem neugeborenen Knaben reinkarniert. Häufig gibt der sterbende Herrscher noch Hinweise darauf, wo er wiedergeboren wird. Das betreffende Kind muß über spezielle körperliche Merkmale verfügen (beispielsweise die Form der Ohren u. a.) und bereits im Alter von wenigen Jahren imstande sein, Einzelheiten über seine vorangegangene Existenz wiederzugeben.

Aus der Parapsychologie sind übrigens zahlreiche Fälle aktenkundig, in denen Kinder, kaum daß sie zu sprechen gelernt hatten, exakte und nachprüfbare Details aus ihrem vorhergehenden Leben von sich gaben.[10]

Bald nach dem Tode des Dalai-Lama brechen aus Laien und Priestern gebildete Suchtrupps auf, um im ganzen Land nach ihrem wiedergeborenen Herrscher zu suchen. Eine Gruppe befaßt sich mit Berichten über ungewöhnliche Kinder. Andere wandern in bestimmte Gebiete, die ihnen durch Orakel und Omen als Ort benannt wurden, an dem sie den neuen Gyalwa Rinpoche suchen sollen. Solch eine Orakelstätte ist der Lhamo-Latso, ein Bergsee, an dessen Ufern der erste Dalai-Lama eine Vision mit der Erscheinung der Göttin Pandan Lhamo hatte. Sie teilte ihm mit, daß sie fürderhin seine künftigen Inkarnationen unter ihren Schutz stellen würde.[43]

Als sich nach dem Ableben des dreizehnten Dalai-Lama der Regent, der in der Interimszeit die Pflichten des Herrschers wahrnahm, zum Lhamo-Latso begab, wurde ihm dort die Vision eines Hauses zuteil. Er konnte das Haus, seine Umgebung und sogar den Hund der dort lebenden Familie beschreiben. Daraufhin machte sich ein getarnter Suchtrupp auf den Weg. Als dieser das Haus schließlich fand, soll eines der Kinder den Lama, der die Gruppe anführte, erkannt und sich mit ihm in der offiziellen Hofsprache unterhalten haben. Niemand in der Familie konnte diese Sprache sprechen. Außerdem erkannte das Kind, dem man eine Auswahl an Gegenständen aus dem Besitz des verstorbenen Gottkönigs vorgeführt hatte, diese mit erstaunlicher Sicherheit. Nach weiteren Prüfungen waren sich die Teilnehmer der Suchaktion einig. Man hatte den neuen Gyalwa Rinpoche gefunden, den vierzehnten Dalai-Lama, zur Zeit noch immer das geistige und weltliche Oberhaupt der Tibeter.

Die wichtigsten überlieferten Schriften der tibetischen Buddhisten sind der »Kanjur«, die »Übersetzung des Wortes« und der »Tanjur«, was soviel wie die »Übersetzung der Lehre« bedeutet. Hierin gesammelt sind die heiligen Bücher des Lamaismus. Die Schriftsätze des 103-bändigen Kanjur und des aus 209 Bänden bestehenden Tanjur sind in hölzerne Druckstöcke geschnitzt und nehmen so viel Platz ein, daß sie die gesamten Kellerräume der Klosterbibliothek von Derge, am Oberlauf des Yang-Tze-Flusses gelegen, mühelos füllen. Mehrere vollständige Sammlungen dieser beiden Schriften sollen darüber hinaus auch, auf zahlreiche Kellergewölbe verteilt, in einigen zugänglichen Bergdörfern Tibets verborgen sein, wo sie unruhige Zeiten überdauerten.

Für einen kompletten Abdruck des Kanjur waren 45 Mönche ein Vierteljahr lang voll ausgelastet, das Doppelte der Zeit wurde gar für ein Exemplar des Tanjur benötigt. Volle 16 Jahre dauerte dagegen im Kloster von Amdo das Schnitzen der mehr als 70000 Holzstöcke für den 209-bändigen Tanjur. Ein geschickter Lama bringt es zuwege, einen hölzernen Druckstock in vier Tagen zum Abdruck fertig zu schneiden.[44]

Fliegende Perlen und Eier am Himmel

Nur kleine Teile der beiden Werke, deren Entstehungszeit unbekannt ist und deren Wurzeln lange vor die Zeit Buddhas zurückreichen, konnten bislang übersetzt werden. In ihnen finden sich Berichte über Götter, die in durchsichtigen, fliegenden Kugeln oder »Perlen am Himmel« den Menschen dieser Region in großen Zeiträumen immer wieder ihre Besuche abstatteten.[13]

Einem glücklichen Umstand verdanken wir es, daß diese geheimnisvollen Werke noch immer existieren. Als die Kulturrevolution in vollem Gange war und die Roten Garden ihren blinden Haß auf alles Alte und Überlieferte austobten, wurde die Bilderstürmerei selbst manchem hochrangigen Politiker zuviel. Kein Geringerer als der damalige Ministerpräsident Zhou Enlai setzte daraufhin ein paar Kompanien der regulären Armee gegen die wildgewordenen Horden in Gang, um unwiederbringliche Kulturgüter zu schützen. Dabei gab es auf beiden Seiten reichlich Tote und Verwundete zu beklagen.

Heute arbeiten im Kloster von Derge, wo sich auch die tibetische Staatsdruckerei befindet, wieder nahezu 500 Tibeter am Erhalt und an der Archivierung alter Schriften. Die Zentralregierung in Beijing ist heute mehr denn je bemüht, die kulturellen Eigenheiten aller in China lebenden Volksgruppen zu bewahren und zu fördern.

Überhaupt ist Tibet eine sehr gute Adresse, wenn es um die Suche nach Hinweisen auf Besucher aus dem Weltraum geht. Denn von Göttern und fliegenden Kugeln - heute würde man von Humanoiden in ihren unbekannten Flugobjekten sprechen - wimmelt es in der Geschichte dieses Berglandes geradezu. Eine uralte Legende erzählt von einer Begegnung, die - in unsere neuzeitliche Terminologie über-

tragen –, ohne die Phantasie allzusehr anzustrengen, als »Unheimliche Begegnung der dritten Art« aufgefaßt werden kann:
»Aus dem ungeschaffenen Wesen entstand ein weißes Licht, und aus dem Grundstoff dieses Lichts kam ein vollkommenes Ei hervor. Von außen war es strahlend, es war durch und durch gut; es hatte keine Hände, keine Füße und dennoch die Kraft der Bewegung; es hatte keine Schwingen und konnte dennoch fliegen; es hatte keine Augen, weder Kopf noch Mund, und dennoch klang eine Stimme aus ihm. Nach fünf Monaten zerbrach das wunderbare Ei, und ein Mensch kam heraus.«[3]
Es erübrigt sich fast, hier noch einen Kommentar anzufügen. Wie ähnlich klingt doch, trotz diverser Unterschiede in der Ausdrucksweise, der Bericht des biblischen Propheten Hesekiel über seine Begegnung am Flusse Chebar, in der babylonischen Gefangenschaft, als ihm die »Herrlichkeit des Herrn« erschien.
Auch Yehi, der erste mythische König Tibets, wurde aus einer Eierschale (nach anderer Lesart: einer Muschel) geboren. In Yehi sehen die Tibeter den Stammvater der menschlichen Rasse.
Im »Gyelrap«, wie die Genealogie der dortigen Regenten genannt wird, ist von 27 legendären Königen die Rede, von denen sieben aus dem Kosmos kamen und auf der Himmelsleiter hernieder zu den Menschen stiegen. Sie werden auch Lichtgötter genannt, die, nachdem sie ihre irdische Mission erfüllt hatten, zurück ins All entschwanden.
Von ihnen erhielten die Lamas ein Kästchen mit den Urschriften, das noch in unseren Tagen als Reliquie in irgendeinem Kloster versteckt sein soll. Der Lama Taranatha, ein tibetischer Historiker des 17. Jahrhunderts, wußte zu berichten, die himmlischen Lehrmeister selbst hätten die Prie-

sterschaft instruiert, ihren Besuch durch Abbildungen für die Nachwelt zu dokumentieren.[45]

Abschied eines Lehrmeisters

Im sumerischen Gilgamesch-Epos berichtet Enkidu, der Freund des Helden, wie er von einem »Adler« in die Lüfte entführt wurde. Er blickte dabei auf die Erde herab, die von Mal zu Mal kleiner wurde. Schließlich sah »das Land wie Mehlbrei und das Meer wie ein Wassertrog« aus. Eine von der Aussage her ähnliche Schilderung, die schlüssig nur mit einem sich rasch von der Erde entfernenden Flugobjekt erklärt werden kann, rankt sich um den großen Lehrer Padmasambhava. In Tibet war er unter dem Namen U-Rgyan Pad-Ma bekannt. Bei dem Abschied von seinem Lieblingsschüler erschien am Himmel »ein Pferd aus Gold und Silber«, das auf die Erde hernieder kam. Der Lehrmeister beschied den um ihn herum versammelten Menschen, es wäre sinnlos ihn zu suchen, und flog davon.
Die Zurückgebliebenen blickten auf den entschwindenden Padmasambhava und sahen ihn so groß wie einen Raben. Beim nächsten Hinsehen erschien er ihnen in der Größe einer Drossel, danach so groß wie eine Fliege, schließlich nur noch so winzig wie ein Läuseei. Und als sie abermals hinsahen, war von ihm keine Spur mehr zu entdecken.[45]
Wie in den Mythen des benachbarten Indien erzählen auch die Überlieferungen Tibets von Städten im Weltraum und von Kriegen im Himmel. Eine davon beschreibt Sudarsoma, die auch die »Stadt der dreiunddreißig Götter« genannt wurde. Sie kreuzte im Weltall und war von sieben Kreisen goldener Mauern umgeben. In diesem technischen

Meisterwerk besaßen die Götter die Fähigkeit zur Materialisation: was immer sie sich wünschten, konnten sie von den Bäumen pflücken.

Nachdem König Mandhotar, der Beherrscher dieser Stadt im All, die ganze Welt erobert hatte, gedachte er auch noch den Himmel zu unterwerfen. Damit hatte er sich wohl etwas übernommen, denn sein ungezügelter Ehrgeiz kostete ihn alles, was er besaß, letztendlich auch sein Leben. Während er sich draußen im Weltraum aufhielt, wurde seine »Stadt der dreiunddreißig Götter« von den Asuras angegriffen. In einer grausamen Schlacht, in der mit unvorstellbaren Waffen gekämpft wurde, gelang es ihnen, die Himmelsstadt zu besiegen und in die Weiten des Kosmos zurückzuwerfen.[2]

Worum handelte es sich bei dieser ominösen Götterstadt am Himmel, wenn es keine Raumstation war, die da im Erdorbit kreiste?

Berichte über sonderbare Dinge am Himmel Tibets beschränken sich nicht auf ferne, im Grau der Vorgeschichte verschwundene Epochen. Das Gegenteil ist der Fall. Sie reichen weit bis in die Neuzeit hinein, und es macht keine Mühe, den roten Faden von der fernsten Vergangenheit bis in unsere jüngsten Tage hinein zu verfolgen.

Ein Jesuitenpater beobachtet ein UFO

Der belgische Jesuit und Missionar Albert d'Orville bereiste im 17. Jahrhundert als einer der ersten Europäer das schon damals legendäre Tibet. Erhalten geblieben ist uns sein Reisetagebuch, in dem er auch die folgende merkwürdige Begebenheit vermerkte:

»November 1661. Meine Aufmerksamkeit wurde auf etwas gelenkt, das sich hoch oben am Himmel bewegte. Zuerst dachte ich, es sei eine unbekannte Vogelart, die in dem Lande lebt, bis das Ding sich näherte und die Form eines doppelten chinesischen Hutes annahm, während es sich leise drehend fortbewegte, als würde es von den unsichtbaren Flügeln des Windes getragen. Es war bestimmt ein Wunder oder Zauberei. Das Ding flog über der Stadt (Lhasa, d. Verf.); geradeso, als wolle es bewundert werden, flog es zwei Kreise und wurde dann von Nebel umhüllt. Und wie sehr ich auch meine Augen angestrengt habe, es konnte nicht mehr länger gesehen werden.
Ich fragte mich schon, ob nicht die große Höhe, in der ich mich befand, mir einen üblen Streich gespielt hatte, als ich ganz in der Nähe einen Lama bemerkte und ihn fragte, ob er es auch gesehen hätte. Nachdem er kopfnickend meine Frage bejaht hatte, erwiderte er mir: ›Mein Sohn, was du soeben gesehen hast, war keine Zauberei. Denn Wesen von anderen Welten befahren seit Jahrhunderten die Meere des Raumes und brachten den ersten Menschen, die diese Erde bevölkerten, geistige Erleuchtung. Sie verurteilten alle Gewalt, lehrten die Menschen einander zu lieben, obwohl diese Lehre wie ein Samenkorn ist, das auf Stein ausgesät wurde und nicht keimen kann. Diese Wesen, die hellhäutig sind, werden von uns stets freundlich empfangen und landen oft in der Nähe unserer Klöster, wenn sie uns lehren und Dinge enthüllen, die verlorengegangen sind in den Jahrhunderten der Kataklysmen, die das Angesicht der Erde verändert haben.‹«[40]

Mag die Aufzeichnung des frommen Gottesmannes auch auffallend mit Elementen der christlichen Heilslehre angereichert sein – die Anspielung auf Liebe und Gewaltlosigkeit fällt dem Leser überdeutlich ins Auge –, spricht doch

eine Aussage entschieden für die Authentizität des Berichtes. Seine Beobachtung muß Pater d'Orville sicher so sehr beeindruckt haben, daß er die Erklärung des tibetischen Lamas widerspruchslos hingenommen und der Nachwelt hinterlassen hat. Wir dürfen keinesfalls vergessen, daß sein christlicher Glaube in jener Zeit ein Weltbild indoktrinierte, das die Erde als einen starren Ort im Universum ansah, um den sich alle anderen Gestirne drehten. Und mit dem Menschen als alleiniger Krone der Schöpfung war absolut kein Platz für fremde und bewohnte Welten, erst recht nicht für höhergeartete Wesen, die uns Besuche abstatteten. Gerade 20 Jahre vor der Beobachtung des belgischen Jesuitenpaters hatte Galileo Galilei auf seinem Sterbelager trotzig den berühmt gewordenen Ausspruch »Eppur si muove« – »Und sie bewegt sich doch« – getan. Jahrelang hatte ihn die Inquisition zuvor unter Androhung der schwerste Strafen zum Widerruf seiner ketzerischen Thesen gezwungen.
Nein, die seltsame Beobachtung am Himmel über Lhasa muß den frommen Mann ganz gehörig verunsichert haben. Sonst hätte er nach guter Tradition seines Hauses die Erklärung des aufgeschlossenen Lamas nicht unwidersprochen hingenommen.
Und der Hinweis auf die langanhaltenden Umwälzungen, »die das Angesicht der Erde verändert haben«, legt die Schlußfolgerung nahe, daß diese fremden Wesen die Erde schon seit Zeiten besuchen, die eher nach Jahrtausenden zu bemessen sind.
Ich möchte an dieser Stelle die provozierende Frage stellen: Sind die von anderen Welten gekommenen Lehrmeister, von denen der tibetische Lama erzählt hat, womöglich noch immer präsent?

Nikolai Roerichs Expedition

Gehen wir noch einen Schritt in der Zeit weiter, in unser »aufgeklärtes« 20. Jahrhundert.

In den zwanziger Jahren unternahm eine der ungewöhnlichsten und vielseitigsten Persönlichkeiten, die dieses Jahrhundert gesehen hat, eine mehr als dreijährige Forschungsreise nach Zentralasien. Der berühmte russische Maler und Philosoph, Archäologe und Schiftsteller Nikolai Konstantinowitsch Roerich (1874–1947) brach zusammen mit seiner Frau Helena Iwanowna und seinen beiden Söhnen Georgij und Svetoslav im März 1925 in Srinagar zu dieser Reise auf. Sie führte ihn durch Nordindien, Kaschmir, Tibet, China und die Mongolei. Auf uralten Karawanenwegen bezwang diese Expedition, die aus über 100 Kamelen und Pferden, fünf Lastkarren, Dutzenden von Trägern sowie der Familie Roerich bestand, die höchstgelegenen Gebirgspässe der Welt.

Den traditionellen Karawanenstraßen über Kaschmir und Ladakh folgend, überwand der Treck den Karakorum-Paß und erreichte die Oase Khotan am südlichen Rand der Wüste Takla Makan, ein frühes Zentrum des buddhistischen Glaubens. Hier führt auch die legendäre Seidenstraße vorbei, auf der früher Tee, Gewürze und natürlich chinesische Seide bis ins Abendland gebracht wurden.

Auf seinem weiteren Weg durch den Hohen Altai, Tibet und die Mongolei sammelte er wie kein Forscher vor ihm Legenden und Berichte über Vergangenheit und Kultur der Menschen im Herzen Asiens. Als begnadeter Künstler schuf er darüber hinaus mit mehr als 500 Gemälden ein unvergleichliches Werk, ein nie zuvor dagewesenes Panorama Zentralasiens. Mehrere Bücher, die Roerich über diese Reise schrieb, erzählen in spannender Weise von dem

beschwerlichen und gefahrvollen Weg in meist noch unerforschte Regionen des Kontinents. Darin illustrieren seine exzellenten Bilder besser als jede Fotografie die majestätische Bergwelt in diesem Teil der Erde.
Roerichs Expedition hatte das offizielle Ziel, möglichst intensiv die Länder und die Menschen Innerasiens zu studieren, ebenso wie ihr kulturelles Erbe. Liest man seine Bücher jedoch aufmerksamer, dann fällt auf, daß in ihnen auch immer wieder ein Name auftaucht: Es ist Shambhala (auch: Shampulla), das wie das gleichermaßen legendäre Agharti der Überlieferung nach in diesen endlosen Weiten existieren soll. Als Bewahrerin uralten Wissens soll diese Stadt seit Urzeiten Weisen wie Kriegern Schutz und Zuflucht geboten haben. Unergründliche Geheimnisse und vor der breiten Masse sorgfältig verborgenes Wissen werden angeblich in ihren Mauern gehütet.
Es ist vielleicht nicht uninteressant zu erfahren, daß sich fast genau zur selben Zeit noch eine ganz andere Gruppierung für das sagenumwobene Shambhala interessiert hat. Wie Louis Pauwels und Jacques Bergier berichteten, organisierte die Thule-Gesellschaft, eine der geistigen Wegbereiter der nationalsozialistischen Ideologie, Mitte der zwanziger Jahre beginnend bis 1943 eine Reihe von Expeditionen nach Tibet. Deren erklärtes Ziel war, den geheimnisvollen Ort zu finden. Einige Mitglieder der Thule-Gesellschaft unterstrichen stets die Notwendigkeit der »Rückkehr zu den Quellen«, was im Klartext nichts anderes als die Eroberung ganz Osteuropas, Turkestans, Pamirs und Tibets bedeuten sollte. Vielleicht lag hier einer der Gründe für Hitlers Eroberungsstreben im Osten.
Umgekehrt bildeten sich ab 1926 in München und Berlin kleine Kolonien von Hindus und Tibetern. Nach dem Sieg der Roten Armee und ihrem Einmarsch im zerbombten

Berlin fanden die Russen unter den Toten eine große Anzahl von Tibetern und Angehörigen anderer, offensichtlich aus der Himalaya-Region stammenden Volksgruppen. Sie waren ausnahmslos in deutsche Wehrmachtsuniformen gekleidet und trugen weder Ausweise noch irgendwelche Rangabzeichen.[46] Warum waren diese Männer fernab ihrer Heimat in den Tod gegangen? Welche Verbindungen bestanden zwischen dem nationalsozialistischen Deutschland und diesen Freiwilligen aus Zentralasien?
Eine alte Legende erzählt, in schweren und unsicheren Zeiten hätten die Krieger von Shambhala in Form von leuchtenden Kugeln (!) gegen das Böse gekämpft. Ist dies anders zu verstehen als eine deutliche Anspielung auf Konflikte, in die raumfahrende Wesen unter Einsatz ihrer hochentwikkelten Technologien schlichtend eingegriffen haben? Geht der unsterbliche Mythos von Shambhala zurück auf einen ihrer Stützpunkte, den sie irgendwann in den Weiten Innerasiens angelegt hatten?
In einem seiner Bücher, »Altai-Himalaya«, beschreibt Roerich eine Begegnung, die stark an die des belgischen Jesuiten Albert d'Orville und noch mehr an die UFO-Beobachtungen aus unseren Tagen erinnert.
Die Expedition hatte am 5. August 1926 im Distrikt von Choch-Nuur, unweit der Humboldt-Gebirgskette, ihr Camp aufgeschlagen. Gegen 8.30 Uhr morgens erblickten sieben der Teilnehmer einen erstaunlich großen schwarzen Vogel, vermutlich einen Adler, der über ihnen majestätisch seine Kreise zog. Da solch ein Prachtexemplar sogar in jenen Breiten eher zu den seltenen Ausnahmen gehört, beobachteten die Forscher den Vogel äußerst aufmerksam. Plötzlich erblickten sie noch etwas anderes am Himmel: Weit oberhalb des Vogels bewegte sich ein unbekanntes Objekt.

Alle konnten ein in Nord-Süd-Richtung fliegendes, großes und leuchtendes Gebilde erkennen, das die Strahlen der morgendlichen Sonne reflektierte. Es sah aus wie eine große Scheibe, die sich mit rascher Geschwindigkeit fortbewegte. Nachdem es das Lager überflogen hatte, wechselte das unbekannte Flugobjekt seine Richtung von Süd nach Südwest. Die exakte Ausführung seiner Flugmanöver ließ die Beobachter auf eine Kontrolle durch intelligente Wesen schließen. So plötzlich und schnell wie es aufgetaucht war, verschwand es wieder am wolkenlosen, blauen Morgenhimmel.
Einige Expeditionsteilnehmer hatten geistesgegenwärtig zu ihren Ferngläsern gegriffen und konnten sogar Einzelheiten der fliegenden Scheibe ausmachen. Deutlich konnten sie erkennen, daß sie eine ovale Form und eine glänzende Oberfläche besaß. Eine Seite spiegelte sich in der Sonne.[47]
Was Roerich und seine Helfer beobachtet und aufgezeichnet haben, legt den Schluß nahe, daß in einigen sehr entlegenen Gegenden der Erde die Götter der Vorzeit, die in ihren Raumschiffen hierherkamen, wohl noch immer sporadisch auftauchen. Oder andere Wesen, die sich aus den Tiefen des Alls auf den Weg zu uns gemacht haben.
Ist unsere vielgepriesene Zivilisation mit ihrer Perfektion vorspiegelnden Hochtechnologie wirklich imstande, lückenlos zu verfolgen, was auf diesem Planeten alles vor sich geht? Die hochgezüchteten elektronischen Aufklärungssysteme der Militärs haben in den vergangenen Jahren mehr als einmal den Beweis geliefert, daß sie relativ einfach irrezuführen sind und den ihnen zugedachten Einsatzzweck dann nicht mehr erfüllen können.
Wer je den Film »War Games« gesehen hat, wird verstehen, was ich meine!

Eine Vorführung außerirdischer Technologie?

Es gibt Anzeichen, daß die Wissenschaft und Technologie der alten Götter in Tibet immer noch sehr lebendig ist. Der italienische Autor Peter Kolosimo, der sich guter Kontakte zu vielen Gelehrten des einstigen Ostblocks erfreuen konnte, berichtete über eine Abordnung sowjetischer Gelehrter, die im Jahre 1959 mehrere tibetische Klöster besuchten. Im Kloster von Ganden - 60 Kilometer südlich der Hauptstadt Lhasa gelegen - trafen sie auf einen alten Eingeweihten mit einem profunden Wissen über Astronomie und Probleme der Weltraumfahrt. Der Lama war fest von der Existenz intelligenten Lebens auf anderen Planeten überzeugt und glaubte, unter bestimmten Voraussetzungen mit den Besuchern fremder Welten in visuellen Kontakt treten zu können. Er wählte aus der russischen Delegation zwei Wissenschaftler für ein spezielles Experiment aus. Hierfür unterwies er sie in besonderen Konzentrationsübungen und ließ ihnen zur Ernährung eine eigens zusammengestellte Diät zukommen.

Nach einigen Tagen lud er die beiden Russen ein, ihm in seine Mönchszelle zu folgen. Hier führte er ihnen ein seltsames und den beiden Forschern unbekanntes Instrument vor, das einen gedämpften Ton von sich gab. Plötzlich erschien mitten im Raum etwas wie ein Gesicht in einer Wolke. Nach und nach nahm die Erscheinung die Gestalt eines menschenähnlichen, fremdartigen Wesens an. Die unheimliche Gestalt stand aufrecht und bewegungslos da. Vor ihr materialisierte sich eine Art bewegtes Modell unseres Sonnensystems. Merkur, Venus, Erde und die anderen Planeten zogen um ihr leuchtendes Zentralgestirn. Das Besondere aber - neben dieser unheimlichen Erscheinung an sich - war ein zehnter Planet jenseits der Umlaufbahn des

Pluto.[48] Es ist fast überflüssig zu sagen, daß die nüchternen und materialistisch eingestellten Gelehrten nicht die Spur einer möglichen Erklärung für das unglaubliche Phänomen fanden. Der alte Eingeweihte weigerte sich hartnäckig, auch nur eine Frage nach der Herkunft der mysteriösen Erscheinung zu beantworten.

Die politischen Meinungsverschiedenheiten, die bald darauf das sowjetisch-chinesische Verhältnis belasteten, bereiteten weiteren Recherchen ein jähes Ende. Daher bleibt uns hier nur zu spekulieren, was der alte Lama den sowjetischen Forschern zu sehen weis machte. War es eine optische Täuschung, oder war es eine Halluzination, durch Drogen erzeugt, die man den ahnungslosen Russen in ihre Mahlzeiten gemischt hatte? War es eine Illusion, wenn auch eine äußerst gut gemachte, die ihnen - auf welche Weise auch immer - einsuggeriert wurde?

Oder handelte es sich um eine effektvoll in Szene gesetzte Vorführung eines realen technischen Gegenstandes, der beispielsweise auf dem Prinzip der Holographie basierte? Ein Artefakt, das von den raumfahrenden Göttern auf der Erde zurückgelassen wurde? Entweder ohne Absicht oder - was ich für wahrscheinlicher halte - als Geschenk für einen Priester oder Stammesfürsten, der es in Ehren halten und aufbewahren sollte.

Bis das Gerät eines fernen Tages als Hinweis auf die Präsenz der Astronautengötter erkannt werden würde. Wenn die Menschheit gelernt hat, mit ihren Augen auch zu sehen.

6 Geheimnisse der Mongolei: *Schreckensklöster im Lande der Dämonen*

Als der damals 22 Jahre alte k.u.k.-Soldat Alois Resch aus Graz im August des Jahres 1914 in den Ersten Weltkrieg zog, ahnte er mit Sicherheit noch nicht, welche Abenteuer ihm bevorstehen sollten. Der Krieg würde für ihn nicht allzu lange dauern, doch der Weg seines Schicksals sollte ihn weit fort von seiner Heimat führen und sein weiteres Leben von Grund auf verändern.

Bereits wenige Tage nach seiner Einberufung wurde er an der Front in Galizien (einem Teil des südlichen Polen, das damals noch zu Österreich-Ungarn gehörte) schwer verwundet. Er fiel dort russischen Truppen in die Hände und kam als Kriegsgefangener in das Lazarett von Woronesch, einer Stadt, die 500 Kilometer südlich von Moskau am Ostufer des Don liegt. Nachdem er sich einigermaßen erholt hatte, nutzte er die erstbeste Gelegenheit zur Flucht und tauchte in der Stadt unter. Dank seiner russischen Sprachkenntnisse fand er Arbeit, aber sein Weg führte ihn weiter nach Osten, in die hinter dem Ural am südlichen Rand der großen sibirischen Taiga gelegene Stadt Kurgan. Dort währte seine Freiheit nicht sehr lange. Er landete wieder in Kriegsgefangenschaft und kam im Dezember 1916 in ein Gefangenenlager bei Atschinsk, ein gutes Stück weiter östlich, unweit von Krasnojarsk. Auch dort entkam er wieder, diesmal zusammen mit einem deutschen Mitgefangenen aus Hamburg. Zwei Russinnen aus einem nahegelegenen Ort leisteten Fluchthilfe, indem sie die beiden Flüch-

tenden mit Nahrungsmitteln, einem Kompaß und Karten versorgten.
Die wohlwollend gesonnene Landbevölkerung ermöglichte es den beiden immer wieder, die hinter ihnen herjagenden Soldaten abzuhängen. So verbrachten sie die folgenden Monate auf der Flucht, wobei ihnen die freundlichen Bauern der Umgebung immer wieder Versteck vor den herannahenden Verfolgern gewährten. Im August 1917 fand die Flucht der beiden Abenteurer ein jähes Ende: Resch und sein Hamburger Kamerad wurden gefaßt und landeten in einem Gefängnis nahe der Stadt Minussinsk, am Oberlauf des Jenissei.
Hier lernte Resch einen Russen mit Namen Kutusof kennen. Der erzählte ihm in den langen Zellennächten viel von den Lamas und Schamanen der nicht weit entfernten Mongolei (zur mongolischen Grenze waren es nur 300 Kilometer) und ihren Wunderkräften. Vornehmlich aber drehten sich die Geschichten des Russen um ein mongolisches Schreckenskloster, um das »Kloster zum schwarzen Khan«. Was er über dieses sagenhafte Kloster erfuhr, weckte das Interesse des jungen Österreichers für die Geheimnisse Zentralasiens.
Auch die dritte Inhaftierung war nicht von langer Dauer, und so wurden Resch, sein deutscher Kamerad und Kutusof nach einiger Zeit entlassen. Der Deutsche durfte in seine Heimat zurückkehren, Resch fand eine Anstellung in Minussinsk und verlor Kutusof erst einmal aus den Augen. Erst im Mai 1918 ließ dieser wieder etwas von sich hören. Er stellte dem Österreicher einen Posten als technischer Berater bei einer Expedition in die Mongolei in Aussicht und forderte ihn auf, sich bei der Expeditionsleitung in Abakan, am gegenüberliegenden Ufer des Jenissei, zu melden. Und obwohl Freunde und Bekannte Resch beschworen, nicht an

der Reise teilzunehmen, lockte das geheimnisträchtige Land so sehr, daß er spontan zusagte.
Am 21. Mai 1918 war es dann soweit. Mit mehr als 20 Bauernwagen und 40 mongolischen Reitern folgten Resch und Kutusof dem vorausgeeilten, über 400 Mann starken Haupttroß. Er sollte übrigens erst sehr viel später erfahren, daß Kutusof in Wirklichkeit ein höherer, geweihter Lama war, der mit einer dem Schlangenkult huldigenden Geheimsekte Ostasiens sympathisierte. Gleichzeitig war er auch ein gerissener Doppelagent, der zwischen Weißrussen und Kommunisten pendelte. Die Expedition hatte angeblich die Aufgabe, den Zarenschatz vor dem Zugriff der gerade gegründeten Sowjetarmee im Altaigebirge in Sicherheit zu bringen. Resch sollte hierbei als Vermesser fungieren und mit einem Theodoliten (einem Winkelmeßgerät) geographische Fixpunkte festlegen.

Suche nach dem Kloster zum schwarzen Khan

Einige Zeit später stieß die Expedition – in Abwesenheit Kutusofs – im Altaigebirge auf uralte Gräber, die sie sprengten und ihrer zum Teil erheblichen Goldschätze beraubten. Als die Mongolen sich mit ihrem Beuteanteil an den geraubten Schätzen davonmachten, setzte Resch sich ab und stieß wieder zur Abteilung Kutusofs. Unter dessen Führung setzte er die Reise fort, mit dem erklärten Ziel, das Kloster zum schwarzen Khan zu erreichen.
Nach mehrtägigem Herumirren im großen Altai brach ein fürchterlicher Sandsturm los. Finsternis, von Blitzen durchzuckt, umgab die wenigen Verbliebenen der Expedition. Riesige Felsblöcke stürzten von steilen Abhängen und rissen die

beladenen Packpferde in die Tiefe. Danach strahlte plötzlich wieder die Sonne. Die kleine Karawane suchte unbeirrt ihren Weg, der an wilden Schluchten vorbeiführte, durch versandetes, von giftigen Schlangen wimmelndes Ödland. Inmitten einer dämonisch anmutenden Landschaft, in der Nähe eines kleinen Sees, erhob sich auf einem bizarren Felsen ein mächtiger Bau: das Kloster zum schwarzen Khan.

Als sich das schwere Tor hinter den Ankömmlingen schloß, mußten diese ihre Waffen ablegen und bekamen zunächst eine Audienz beim vorstehenden Tscha-Lama. Danach wurden Kutusof und der Österreicher getrennt, wobei letzterer von einem Gelbmützen-Mönch durch ein Labyrinth von Wendeltreppen und Gemächern geführt wurde, bis sie im tiefsten Kellergewölbe vor einer Zelle haltmachten.

Reschs Begleiter schlug einen Gong, daraufhin flog die Türe auf, und in einer Wolke aus beißendem Rauch verbrannter Räucherstäbchen trat eine in Lumpen gehüllte Gestalt – mehr Skelett als Mensch – heraus. Der Mönch versetzte Resch ein paar derbe Stöße, worauf dieser in den finsteren und höhlenartigen Raum stolperte. Als er sich ein wenig an die Dunkelheit gewöhnt hatte, erkannte er eine große Buddhastatue, die seine ganze Aufmerksamkeit fesselte. Plötzlich leuchtete über der Statue ein phosphoreszierender Totenschädel auf, und er vernahm ein unheimliches Zischen. Schlangen züngelten heran, und schon schlängelte sich eines der ungemütlichen Tiere an seinem Bein hinauf. In Todesangst versuchte er noch, nach seinem verborgen getragenen Revolver zu greifen, doch die Waffe entglitt seiner kraftlos gewordenen Hand.

Lähmend, gleich den Blicken der ihn umzüngelnden Schlangen, wirkten die auf ihn gerichteten Augen des abstoßend aussehenden Mönchs. Dieser eröffnete ihm nun sein weite-

res Schicksal: Nie mehr dürfe er dieses Kloster verlassen, denn er sei zum Tschöd verurteilt. Er habe sich dem Urteil der Götter zu unterwerfen und die Schlangenprüfung abzulegen. So führte der Mönch Resch in eine andere, leere und finstere Zelle und warf, nachdem er die Türe verschlossen hatte, dem Gefangenen durch einen Schlitz sieben mit einer leuchtenden Masse bestrichene Schlangen hinein.
Das todbringende Gewürm kam immer näher, kroch an ihm hinauf und schlüpfte in seine Ärmel. Eine Schlange bemühte sich, in den Mund einzudringen, zwei andere waren dabei, die Köpfe tief in seine Nasenlöcher zu bohren. Ihre Zungen tasteten das Naseninnere ab, was einen furchtbaren Niesreiz bewirkte.
Mit seiner Widerstandskraft völlig am Ende, jeden Augenblick den Todesbiß erwartend, schwanden Resch die Sinne.
Erst als die Türe seines schrecklichen Kerkers geöffnet wurde, gewahrte er sich wieder in seinem an der Wand lehnenden Körper. Friedlich zusammengerollt lagen, am Boden schlafend, die Schlangen. Ein erstaunter Novize - eigentlich darauf gefaßt, einen Leichnam fortzuschaffen - befreite den mit seinem Leben davongekommenen aus seinem Verlies.

Der Tschöd

»Hier haust der Schrecken aller Mönche«, ließ der Novize vernehmen, »der Schrecken aller Klöster von Kiachta bis nach Urga, von Ulakom bis Kowde, von Narabant bis Uljassutai: hier herrscht der Tschöd!«
Völlig verwandelt nach dieser Nacht unbeschreiblichen

Horrors, widmete Resch sich in der darauffolgenden Zeit den verschiedensten yogaähnlichen Praktiken, Atemtechniken und vorbereitenden Exerzitien. Er war wie besessen davon, diesen furchtbaren Schlangen-Tschöd zu erlernen. Dies ist eine für uns im Westen unbegreifliche Art der Meditation, in deren Verlauf der Ausübende lebende, meist hochgiftige Schlangen durch die Nasenlöcher in die Atemwege einführt und durch den Mund wieder herauszieht. Ohne dabei zu ersticken, wohlgemerkt, was er nur einer besonderen Atemtechnik verdankt. Denn bisweilen versperren die erregten Tiere bis zu einer Stunde lang die Luftwege, und eine entsprechende Stellung ihrer Schuppen macht es unmöglich, sie aus dem Mund herauszuziehen.

Der Rest dieser Geschichte ist schnell erzählt. Der frischgebackene Tschöd-Lama aus Österreich machte so große Fortschritte, daß er binnen eines Vierteljahres die ersten drei der möglichen zwölf Einweihungsgrade des Schlangen-Tschöd erreichte. Er blieb noch etliche Jahre im Kloster zum schwarzen Khan, bis ihm die Freiheit zurückgegeben wurde und er lange nach dem Ende des Zweiten Weltkrieges in seine Heimat, nach Graz, zurückkehrte.

Dort betätigte er sich dann in der Hauptsache künstlerisch. Als Maler schuf er zahlreiche psychedelische Werke, in denen er viele der oft alptraumhaften Eindrücke aus seiner Zeit des Mönchtums im Kloster zum schwarzen Khan verarbeitete. Und er ließ sich ab und an dazu überreden, bis ins hohe Alter von 80 Jahren vor zahlendem Publikum – das hin- und hergerissen zwischen Staunen und Grausen war – seine Tschöd-Praktiken mit lebenden Schlangen vorzuführen. Was damals, Ende der sechziger und Anfang der siebziger Jahre, gelegentlich Niederschlag in einigen wenigen Publikationen fand.[49]

Die ganze Geschichte klingt so unglaublich, daß man sie als

Phantasie abtun könnte – wären da nicht einige wenige Fotos, die an den Tschöd-Lama aus Graz erinnern (s. Bildteil).

Wahnsinn oder mißverstandene Technik?

Welchen tieferen Sinn verfolgt die Tschöd-Magie, woher stammt diese wenig anheimelnde Technik? Bei uns im Westen ist darüber so gut wie nichts bekannt, nur sehr wenige Kenner der Länder Zentralasiens geben ansatzweise Informationen.

Nach der Tibetforscherin Alexandra David-Néel, die viele Jahre ihres Lebens in Asien verbrachte, hat der Tschöd die Schaffung des furchtlosen, die Angst mit all ihren Schrekken bezwingenden Menschen zum Ziel.[50] Der Forscher Mircea Eliade berichtet vom Lama Padma Rigdzin, der vor über 200 Jahren diese Praktiken in Tibet eingeführt haben soll.[51] Der eigentliche Ursprung, speziell des nur in der Mongolei betriebenen Schlangen-Tschöd, liegt jedoch im Dunkeln.

Wo liegen seine Wurzeln? Was mag Mönche und Schamanen zur Ausübung dieser grausigen Techniken bewegt haben? Sahen sie – beziehungsweise ihre Vorfahren – Wesen, die mit von der Nase wegführenden Schläuchen herumliefen? Mißverstanden sie das, was sie da sahen, so gründlich, daß sie begannen, mit der heute als Schlangen-Tschöd bezeichneten Praktik die beobachteten Wesen zu imitieren? Aus unserem Jahrhundert kennen wir genügend Beispiele von sogenannten »Cargo-Kulten«, mit denen reale Vorbilder nachgeahmt worden sind.[52] Fehlendes technisches Verständnis vorausgesetzt, ist unschwer nachvollziehbar, wie Atemschläuche dann zu Schlangen wurden.

Vergleich mit Ganescha

Darstellungen und Beschreibungen von Wesen mit »Schlangen« oder »Rüsseln«, die man, ohne die Phantasie arg strapazieren zu müssen, als Atemgeräte interpretieren könnte, gibt es en masse auf dieser Welt. Mich erinnert das Bild des Grazer Tschöd-Lamas mit seinen in die Nase eingeführten Lieblingstieren jedenfalls frappierend an die Darstellungen von Kappas, jenen seltsamen Besuchern aus dem frühmittelalterlichen Japan. Oder, um ebenfalls ein Beispiel aus dieser Region zu bemühen, an die Figur des »Gottessohnes« Ganescha.

Ganescha, der Sohn des höchsten Hindugottes Schiwa, ist neben diesem der populärste Gott dieser Religion. Er wird von Indien über Tibet bis China, von Indonesien über Thailand bis Japan gleichermaßen verehrt. Er trägt den Beinamen »Vernichter der Hindernisse«, und das augenfälligste Merkmal all seiner Darstellungen in Bildern und Skulpturen ist sein Rüssel. Wobei dieser in manchen Versionen eher als Schlauch zu erkennen ist denn als Elefantenrüssel.[53]

So haben die japanischen Kappas, der legendäre »Vernichter der Hindernisse« Ganescha und der »die Angst mit all ihren Schrecken bezwingende« Lama des Schlangen-Tschöd möglicherweise einen gemeinsamen Ursprung. Es war die Konfrontation der Vorfahren der Bewohner Ostasiens mit Besuchern aus dem All. Als Rüssel oder Schlange macht der deutlich sichtbare Fortsatz keinen Sinn, wohl aber – in seiner modernen technischen Interpretation – als Versorgungsschlauch eines Atemgerätes. Wie er auch bei heutigen Tauchern, Jet-Piloten und Raumfahrern zur unverzichtbaren Ausrüstung gehört.

Im Kloster von Tuerin

Nicht weniger unheimliche Erlebnisse und Entdeckungen machte im Jahre 1920 ein anderer Zeitgenosse, den es in ein nicht minder berühmt-berüchtigtes mongolisches Kloster verschlug. Daß die im folgenden geschilderten Geschehnisse überhaupt bekannt geworden sind, ist nur einer glücklichen Fügung zu verdanken. Denn der Mann, dem sie widerfahren sind, verschwand kurz darauf, ohne je wieder eine Spur zu hinterlassen. Er sollte nie mehr auftauchen, konnte seine haarsträubende Geschichte aber noch einem Landsmann erzählen, der sie nach seiner Rückkehr in die USA in der Zeitschrift »Adventure« veröffentlichte.

Der amerikanische Abenteurer John Spencer lebte in den Jahren nach dem Ersten Weltkrieg in China vom verbotenen Handel mit Waffen und Rauschgift. Diese dubiosen Geschäfte waren sicher der Grund dafür, daß er seinem Wirkungskreis in der Mandschurei buchstäblich über Nacht den Rücken kehrte. Zu Fuß machte er sich auf den Weg, bis er nach mörderischen Märschen durch alptraumhafte Landschaften die Mongolei erreichte. Abgezehrt und entkräftet von Hunger, Fieber und Entbehrungen brach er schließlich zusammen.

Spencer hatte unglaubliches Glück. Umherziehende buddhistische Mönche fanden den Halbtoten und brachten ihn in das Lamakloster von Tuerin, wo sie sich seiner annahmen und ihn pflegten. Ein Schatten seiner selbst, kam er doch relativ bald wieder auf die Beine.

Zur selben Zeit beherbergten die frommen Mönche einen weiteren Gast aus den Vereinigten Staaten. Der amerikanische Geschäftsmann William Thompson, der sich zu diesem Zeitpunkt schon länger im Kloster aufhielt, galt als großer Bewunderer der fernöstlichen Glaubenswelt. Bei sei-

nem ersten Zusammentreffen mit dem sich gerade erholenden John Spencer mußte er diesem wohl etwas zu voreilig und enthusiastisch über das Kloster berichtet haben. Denn plötzlich begann der Abenteurer mit regem Interesse seine neue Umgebung zu erkunden, und nichts auf der Welt hätte ihn noch in seinem Bett gehalten, um sich vollends auszukurieren.
Am Morgen eines der folgenden Tage stieß Spencer in der näheren Umgebung des Lamaklosters auf verwitterte Stufen, die zu einer schmalen Metalltür herabführten. Von Natur aus mit einer kräftigen Portion Neugier versehen, öffnete er die Türe und fand sich unversehens in einem Raum mit zwölf oder dreizehn Seiten. Die einzelnen Wandflächen trugen Zeichnungen, die vermutlich Sternbilder darstellten. Eines davon konnte er identifizieren: Es war das Sternbild des Stieres, unter dem er geboren war und das auf einem Talisman, den er stets bei sich trug, eingraviert war.
Gedankenverloren fuhr er die Linien der Abbildung mit seinem Zeigefinger nach. Als er am Ende einer Linie angekommen war, an dem die Plejaden eingezeichnet waren (wie William Thompson, dem wir diesen Bericht verdanken, nachträglich herausgefunden hatte), gab die Wand nach und öffnete sich lautlos. Sie gab einen dahinterliegenden Gang frei, der in Dunkelheit getaucht war. Spencer zögerte kurz, doch dann gewann seine Neugier die Oberhand. Nachdem er sich einige Schritte in das Dunkel getastet hatte, bemerkte er einen schwachen, grünlichen Schimmer, der aus der Ferne zu leuchten schien. Bevor er diesem nachging, wuchtete er noch einen großen Stein vor die geöffnete Wand, eine Vorsichtsmaßnahme, um nach seiner Rückkehr keine unliebsame Überraschung erleben zu müssen.
Es gelang ihm nicht, die Quelle des seltsamen grünen Lich-

John Spencer im Vorraum zum Labyrinth. Was entdeckte der Abenteurer nahe dem mongolischen Kloster von Tuerin?

tes auszumachen, es schien gleichzeitig überall und nirgends zu sein. So ging er in dem engen, aber solide gebauten Stollen weiter, bis er zu einer Verzweigung gelangte. Spencer hielt sich immer rechts, da er es unbedingt vermeiden wollte, sich zu verirren. Unbewußt wählte er damit den Weg, den die Abbildung des Sternbildes über dem Eingang des Tunnels vorgezeichnet hatte. Schließlich erreichte er das Ende des Stollens.

Vor ihm erstreckte sich jetzt eine weitläufige Halle, in der das grüne Licht stärker und greller leuchtete. Es war hier so intensiv, daß er ohne Schwierigkeiten erkennen konnte, daß entlang einer der Wände etwa 25 bis 30 Schreine fortlaufend aufgereiht waren. Spencer hatte den Eindruck, als ob diese etwa ein bis zwei Fuß (etwa einen halben Meter) über dem Erdboden schwebten, konnte sich aber darauf keinen Reim machen. Seiner kriminellen Veranlagung folgend, malte er sich in seiner Phantasie schon die reichen Schätze aus, um die er die an diesem Ort Bestatteten erleichtern würde.

Unverzüglich machte er sich ans Werk und stellte nicht ohne eine gewisse Genugtuung fest, daß sich die Deckel der Särge ohne jede Anstrengung öffnen ließen. In den ersten drei Schreinen fand er die Körper von Mönchen, die die selben Gewänder trugen wie jene, die ihn gefunden und ins Kloster gebracht hatten. Im vierten lag eine Frau in Männerkleidung, nach ihr ein Inder im rotseidenen Mantel. Die Leichen zeigten keine Anzeichen von Verwesung und waren immer älter, je näher ihr Sarg der hinteren Wand der Halle stand. Eines jedoch war allen gemeinsam: Schätze und Reichtümer, auf die es der Hazardeur abgesehen hatte, enthielt ihre letzte Ruhestätte nicht!

Ein toter Außerirdischer?

Doch so schnell hatte John Spencer nicht vor, aufzugeben. Also stöberte er die Sarkophage alle der Reihe nach durch. Im drittletzten Sarg lag, in ein weißes Linnen gewickelt, die unversehrte Hülle eines Mannes, danach eine Frau, deren Herkunft Rätsel aufgab. Als er jedoch den Deckel des allerletzten Schreines lüftete, glaubte er seinen Augen nicht trauen zu können. Er fand eine kleine Gestalt, deren Kleidung silbrig schimmerte. Ihr Kopf war eine große, silberne Kugel mit Löchern anstatt Augen und einem kurzen, ovalen Stutzen an der Stelle einer Nase. Einen Mund schien dieses seltsame Geschöpf nicht zu besitzen.
Als Spencer den Körper berühren wollte, öffneten sich plötzlich die großen, runden Augen, und ein grelles grünes Leuchten blendete ihn.
Grenzenloses Entsetzen packte den zu Tode erschrockenen, er ließ den Sargdeckel zufallen und lief schreiend aus der Halle. Glücklicherweise gewann er schnell seine Fassung wieder und besann sich auf den richtigen Weg zurück, sonst hätte er sich in seiner Panik verlaufen und womöglich nie mehr den Ausgang gefunden. Der Rückweg zog sich nun bedeutend länger als der Hinweg. Als er endlich wieder dem Labyrinth entronnen war, mußte der völlig mit den Nerven fertige Spencer auch noch feststellen, daß unerwartet die Nacht angebrochen war.
Ins Kloster zurückgekehrt, berichtete er gleich seinem Landsmann William Thompson das Erlebte, wobei er mehrmals seiner großen Verwunderung über die verlorenen Stunden in den Stollen Ausdruck gab. Nach seinem Zeitgefühl war er allenfalls zwei oder drei Stunden fort gewesen. Thompson zeigte sich höchst verärgert über die Eigenmächtigkeit Spencers, schalt ihn der Ausnutzung der in

diesen Mauern heiligen Gastfreundschaft und erstattete Bericht bei den Mönchen.
Am darauffolgenden Morgen wurde der Abenteurer dann auch vor einen hohen Lama zitert, der ihn mit gütigem Lächeln empfing und ihn äußerst freundlich behandelte. Der Lama versuchte ihn davon zu überzeugen, er habe sich alles eingebildet; das Fieber habe ihm Dinge vorgegaukelt, die in Wirklichkeit keineswegs existierten.
Da Spencer sich nicht so schnell überzeugen ließ, stieg der Lama mit ihm nochmals die verwitterte Treppe hinab in den polygonalen Raum. Er berührte gleichfalls eine Wand, hinter der sich ein Stollen öffnete, und die beiden erreichten schon nach wenigen Minuten eine viel kleinere Halle, worin sich eine altarähnliche Konsole befand. Darauf standen – in Miniaturausgabe – die Särge, die Spencer in der großen Halle gesehen hatte. Auch die Figürchen, die sie enthielten, entsprachen den Leichen aus den Sarkophagen.
John Spencer wurde klar, daß hier versucht wurde, seine Überzeugung zu erschüttern, und so wagte er nicht, den Erklärungen des Lamas offen zu widersprechen. Als er sich aber trotzdem die Frage nach der silbernen Gestalt mit dem großen runden Kopf abrang, erhielt er zur Antwort, dies sei »ein großer Meister, der von den Sternen gekommen war«.
Zurück von diesem neuerlichen Besuch der heiligen Stätten, erklärte Spencer seinem Landsmann Thompson, er hege nicht die geringsten Zweifel an der Realität seiner Erlebnisse. Er habe bei seinem ersten Aufenthalt in dem Labyrinth einen Stiefelabsatz verloren und sich die Hände aufgeschürft, als er sich in dem schwachen grünen Schimmer an den Stollenwänden entlangtastete.
»Ich habe den Stoff der Kleider befühlt, die die Leichen anhatten, und ihre hervorstehenden Adern und Falten gesehen. Die Platte, die ich durch Zufall geöffnet habe, war

links von der Eingangstür, und die, welche der Lama aufmachte, lag fast genau der Eingangstür gegenüber, nur eine Idee weiter rechts. Der Mönch versuchte mich zu überzeugen, aber er hat mir nur eine Miniaturkopie von dem gezeigt, was ich im Original gesehen habe.«[4]

John Spencer verschwand wenige Tage danach spurlos, nachdem er das Kloster verlassen hatte. Kein Mensch hat je wieder etwas von ihm gehört. William Thompson, der Mann, dem er sich vorher noch vorbehaltlos anvertraute, als ob er sein Schicksal ahnen würde, veröffentlichte die Geschichte nach seiner Rückkehr in die Vereinigten Staaten in der Zeitschrift »Adventure«. Dabei machte er kein Hehl aus seiner Überzeugung, daß die Schilderungen des zwielichtigen Abenteurers der vollen Wahrheit entsprächen. Denn während seines monatelangen Aufenthaltes in China und in der Mongolei habe er mehrmals Gelegenheit gehabt, Leichen zu sehen, die Jahrhunderte, wenn nicht gar Jahrtausende unversehrt überstanden hatten. Zudem habe er nicht nur einmal jene seltsamen Geschichten gehört, die von geheimnisvollen »Silbermenschen« handelten, welche von den Sternen auf die Erde herab gekommen waren.

Diese Geschichte klingt phantastisch. Nichtsdestoweniger enthält sie aber einige Aspekte, die einer näheren Diskussion wert erscheinen und die – in ihrer Gesamtheit gesehen – durchaus geeignet sein könnten, den Wahrheitsgehalt der Story zu untermauern.

Da ist zum Beispiel der deutliche Hinweis auf die Plejaden. Dieser nach den Töchtern des Atlas aus der griechischen Mythologie benannte offene Sternhaufen im Sternbild des Stieres besteht aus etwa 230 Sternen. Sieben davon sind mit bloßem Auge erkennbar, woher sich auch ihr volkstümlicher Name Siebengestirn herleitet.

In der altchinesischen Mythologie gibt es mehrfache Hin-

weise auf die etwa 400 Lichtjahre von uns entfernte Konstellation. Hsin-Chi, die Mutter des legendären Kaisers Yü, erblickte eines Tages etwas sehr Sonderbares am Himmel, einen glänzenden Stern, der durch die Plejaden ging.[3]
Nicht nur in den Überlieferungen der gelben Rasse werden die Plejaden erwähnt. Im Popol Vuh, dem Schöpfungsmythos der Quiche-Mayas, wird erzählt, 400 »himmlische Jünglinge« wären nach Kämpfen und unerfreulichen Konfrontationen mit den Menschen auf der Erde in ihre Heimat zurückgekehrt. Sie lag im Sternhaufen der Plejaden. Auch die Götter der präinkaischen Völker sollen von dort stammen.[8]
Den Sumerern, die über eine hochentwickelte Astronomie verfügten, waren die Plejaden ebenfalls bekannt.

Padre LePaiges Geheimnis

Über Tote von anderen Sternen, die auf unserem Planeten ihre letzte Ruhe gefunden haben sollen, wird auch aus anderen Teilen der Welt berichtet. Erich von Däniken schreibt über den viel zu früh verstorbenen belgischen Missionspater Gustavo LePaige, der überzeugt war, während seiner über 20 Jahre andauernden Ausgrabungsarbeiten am Rande der Atacama-Wüste im Norden Chiles uralte Grabstellen gefunden zu haben, in denen außerirdische Wesen beerdigt wurden. Er schloß dies auf Grund der Gesichtsformen einiger Mumien, die keine Ähnlichkeit mit denen irdischer Bewohner aufgewiesen haben sollen. Des weiteren fand er in einer Gruft eine Holzfigur – allem Anschein nach eine Grabbeigabe –, deren Kopfbedeckung einem Astronautenhelm ähnelte.[54]

Finden sich auch hier die Spuren jener vom Himmel gekommenen Wesen, auf die der Abenteurer John Spencer in der Mongolei gestoßen zu sein glaubte?
Es schien beinahe so, als hätte der selige Pater LePaige das Geheimnis mit in sein Grab genommen, wäre da nicht das kleine Museum in San Pedro de Atacama, das als Zeichen für die große Wertschätzung, derer er sich erfreute, nach ihm benannt wurde. Dieses »Museo Arquéologico R. P. Gustavo LePaige« ist so ziemlich das einzige Highlight in dem etwa 2500 Einwohner zählenden Städtchen, das am Nordrand des größten chilenischen Salzsees in der glühendheißen Atacama-Wüste liegt.
Ein Besuch in dem kleinen Museum lohnt selbst weite Wege, besticht es doch durch viele interessante Funde, den gut organisierten Aufbau und der Welt reichhaltigste Sammlung an Totenschädeln. Exponate, die Zeugnis ablegen über den auch in dieser Gegend geübten Brauch der Schädeldeformationen.
In einer Glasvitrine, fast unscheinbar neben vielen anderen Figuren, findet man die oben beschriebene Holzfigur. Sie macht in der Tat den Eindruck, als sitze ein Astronautenhelm auf einem zylinderförmigen Rumpf. Das Ganze scheint wiederum in einer weiteren Hülle zu stecken. Für das hohe Alter der Figur spricht die Tatsache, daß sie aus mittlerweile versteinertem Holz besteht.

Was geschah mit den Funden?

Diese Angabe konnte verifiziert werden. Und was die außerirdischen Wesen betrifft, auf die der Padre bei seinen Ausgrabungen ebenfalls gestoßen sein will, könnten sich weitere Nachforschungen durchaus als lohnend erweisen. Wurde wirklich etwas gefunden, was nicht von dieser Welt stammt, gibt es zwei Möglichkeiten:

1. Die gefundenen Leichen oder Gegenstände wurden von den Behörden konfisziert und an einem geheimgehaltenen Ort versteckt.
2. Weitaus wahrscheinlicher ist es wohl, daß Padre LePaige vor seinem Hinscheiden noch persönlich dafür Sorge trug, daß die Funde nicht zu früh publik wurden.

Er ahnte wohl, daß die Zeit noch nicht reif war für derartige Enthüllungen. Nur einmal machte er die folgende Andeutung: »Man würde mir nicht glauben, wenn ich erzählen würde, was ich noch in den Gräbern gefunden habe. Ich möchte darüber nicht sprechen, um die Welt nicht zu beunruhigen.«[55]

Doch zurück zu John Spencers schaurigem mongolischen Erlebnis. Der unheimlichste Aspekt des oben geschilderten Abenteuers kommt ins Spiel, wenn wir einen Vergleich ziehen mit einer Erscheinungsform des modernen UFO-Phänomens, über die in jüngster Zeit zunehmend berichtet wird.

Parallelen zu heutigen Entführungen

Es geht um die spektakulären Entführungsfälle, die im Fachjargon auch »Abductions« oder »Unheimliche Begegnungen der vierten Art« genannt werden. Hier geht es nicht mehr nur um nahe Beobachtungen oder um Sichtungen von Insassen dieser ominösen Flugkörper. Hier geht es um den direkten Zugriff jener Wesen auf Bewohner unseres Planeten. Häufig wird in diesem Zusammenhang von me-

dizinischen Versuchen oder regelrechten chirurgischen Eingriffen berichtet.
Sowohl direkt Betroffene wie zum Beispiel Whitley Strieber als auch Erforscher der Problematik wie Budd Hopkins erwähnen regelmäßig das Phänomen der verlorenen Zeit (»missing time«). Demnach treten bei den Opfern jener Entführungen gehäuft amnesieähnliche Gedächtnislücken auf. Es fehlt ein Abschnitt in ihrer Erinnerung, sie haben einen »Filmriß«, der meist erst mit Hilfe der zurückversetzenden Hypnose geschlossen werden kann.[56, 57]
John Spencers Erlebnisse in dem Gewölbe mit den Särgen zeigt deutliche Parallelen zu dieser äußerst spektakulären Variante unseres heutigen UFO-Phänomens. Nach seinem Zeitempfinden war er nur wenige Stunden in dem Labyrinth, demzufolge hätte er schon am frühen Nachmittag wieder das Tageslicht erblicken müssen. Statt dessen war es finstere Nacht, und der Abenteurer hatte nicht die geringste Ahnung, was in den verlorenen Stunden noch alles vorgefallen war.
Stieß er nicht nur auf einen toten Vertreter einer Zivilisation, die bereits seit Urzeiten unsere Welt besucht? Halluzinierte Spencer, oder öffnete der vermeintliche Tote wirklich die Augen? Was widerfuhr ihm im Gewölbe, und aus welchem Grund verschwand er einige Tage darauf für immer von der Bildfläche?
Vielleicht sollte man derartige Berichte – seien sie nun mythologisch oder aus jüngster Zeit stammend – nicht immer nur ins Reich der Fabel verweisen, sondern sich unvoreingenommen damit befassen. Diese »missing-time-phenomena« sind weiß Gott keine Erfahrungen, die neu sind. In vielen Mythen finden wir Erlebnisse, in welchen den von den Göttern fortgeführten Chronisten unerklärlicherweise Zeit fehlt. Auch die Folklore, die Welt der Sagen und Legenden

ist voller vergleichbarer Begebenheiten, die vermutlich auf reale Fälle aus sehr frühen Zeiten zurückzuführen sind und dann im Laufe der Jahrhunderte in die jeweils gültige Vorstellungswelt eingebunden wurden.
Hier spannt sich ein Bogen gleichartiger Ereignisse, der sich von der frühesten Vorzeit bis in unsere jüngsten Tage erstreckt. Als Protagonisten fungieren immer wieder dieselben: die Götter aus den Tiefen des Weltalls.

7 Inselreich von göttlicher Abkunft: *Wo Dogus und Kappas an die Besucher aus dem All erinnern*

Neben China ist auch Japan, das sich so lange jeglichen Versuchen der Einflußnahme von außen her vehement widersetzte, eine schier überquellende Fundgrube für die präastronautische Forschung. Sowohl an Mythen als auch an buchstäblich harten Tatsachen ist hier einiges geboten, das auf einen Besuch außerirdischer Intelligenzen hindeutet. Und dies nicht allein in früher Vergangenheit, sondern bis in neuere Zeit, einmal abgesehen von den UFO-Begegnungen unserer Tage.

Vielleicht trug gerade jener entschlossene und so lange erfolgreich durchgefochtene Widerstand gegen Einflüsse von benachbarten und fremden Völkern dazu bei, daß Japan uns in diesem Punkt unerwartet viel zu bieten hat.

Nach japanischen Überlieferungen waren es die Götter des Inselreiches selbst, die noch in historisch belegten Zeiten feindliche Eindringlinge mit Sturm und hohen Wellen in die Flucht schlugen, ihre Invasionstruppen aufrieben. Dies geschah zweimal im 13. Jahrhundert, als Kriegsschiffe des vorrückenden Mongolenheeres Japan gleichzeitig von China und Korea aus in die Zange nahmen. Den Invasoren gelang zwar jedesmal die Landung, aber ihre Schiffe wurden genauso regelmäßig vom »kami-kaze«, dem »Göttlichen Wind«, zerschmettert und versenkt.

Im Jahre 1274 entsandte Kublai-Khan, der Enkel des berühmt-berüchtigten mongolischen Eroberers Dschingis-Khan, eine gewaltige Streitmacht zur Unterwerfung Ost-

und Zentralasiens. Auch Rußland und ein Teil Europas wurde von den Reiterhorden besetzt: Bis nach Ungarn drangen die Mongolen vor! Ein Teil dieses Riesenheeres, dem sich seiner gewaltigen Anzahl, seiner Disziplin und Ausbildung sowie seines schreckenverbreitenden Aussehens wegen kaum noch eine Armee in den Weg zu stellen wagte, landete in der Hakozaki-Bucht an der Ostküste der japanischen Insel Kyushu. In der darauf entbrannten Schlacht gelang es den Japanern, ihre Stellung zu behaupten. Während sich die Mongolen zu einem zweiten Angriff formierten, brach ein furchtbarer Sturm los und versenkte Hunderte ihrer Schiffe. Die Übriggebliebenen trieb er mitsamt ihren halbtoten Besatzungen auf das offene Meer hinaus, bis sie an den Küsten Koreas strandeten.
Nach sechs Jahren wagten die sonst so sieggewohnten Mongolen einen neuen Vorstoß. Eine noch größere Armee machte sich mit entsprechend mehr Kriegsschiffen auf den Weg nach Japan. Dieses Mal gelang es der Streitmacht, an Land zu gehen, wo ihr anfangs auch das Kriegsglück hold war. Aber nach einem fast zweimonatigen, zermürbenden Kampf gewannen die Japaner nach und nach die Oberhand. Sie schafften es, die Eindringlinge an die Küste von Kyushu zurückzudrängen. Abermals stürzte sich der »kami-kaze« brüllend und tobend auf die Flotte der mongolischen Invasoren, vernichtete die Schiffe und ertränkte ihre Mannschaften. Die wenigen Mongolen, die auf dem überschwemmten Schlachtfeld nicht ertrunken waren, wurden von den Verteidigern gnadenlos massakriert. So gelang es zum Schluß keinem Angehörigen dieser einst so gewaltigen Streitmacht, den Weg zurück nach China zu finden, wo Kublai-Khan in T'ai-tu, wie Beijing damals genannt wurde, Hof hielt. Der sah verständlicherweise dann von einem dritten Versuch ab, das Inselreich zu unterwerfen.[37]

Ob mit göttlicher Hilfe oder nicht, diese beiden Siege über die Mongolen trugen beachtlich zum Stolz der Bevölkerung Japans bei.
Ein großer Teil der Vergangenheit des Reiches der aufgehenden Sonne liegt im Dunkeln. Historiker vermuten, daß ein von der südlichen Insel Kyushu kommender kriegerischer Stamm in jahrhundertelang andauernden Kämpfen gegen die angestammte Urbevölkerung das ganze Land eroberte. Die Urbewohner, die sich Ainus nennen, wurden dabei gewaltig dezimiert. Nur mehr ganz wenige leben heute auf der zweitgrößten Insel, dem im Norden gelegenen Hokkaido. Von ihnen wird noch ausführlich die Rede sein, denn auch ihre Vergangenheit, ihre ganze Existenz, steckt voller Rätsel und Geheimnisse.

Begrüßung der fliegenden Kugeln

Auf Hokkaido wurden in Höhlengräbern einige interessante Zeichnungen entdeckt, deren Entstehung auf etwa 2000 Jahre vor Christus datiert wird. Eine davon zeigt eine Gestalt mit weit ausladendem Kopfschmuck, offenbar ein König oder ein Stammeshäuptling. Mit erhobenen Armen begrüßt er sieben runde Kugeln, die hoch oben am Himmel über ihm zu schweben scheinen.
Genauso alt wird eine zweite Zeichnung geschätzt, die gleichfalls auf Hokkaido in einer Grabkammer gefunden wurde. Sechs Gestalten stehen in einer Reihe nebeneinander, vier von ihnen halten sich an den Händen, während die übrigen zwei offenbar aufgeregt nach oben, zum Himmel deuten. Über ihnen ist eine stilisierte Spirale dargestellt. Die Bedeutung der Abbildung ist unklar. So wurde

bereits spekuliert, ob es sich bei der Szene um die erwartungsvolle Begrüßung von Flugobjekten der Götter handeln könnte, die in spiralförmiger Bahn auf die Erde zufliegen.[39]

Schon zu allen Zeiten haben sich die Bewohner der japanischen Inseln für geheimnisvolle Lichterscheinungen und seltsame Objekte am Himmel besonders interessiert. Nicht selten mögen solche Erscheinungen dann - wie im alten China - eine Umdeutung in Drachenmythen erfahren haben. Hier wie dort gibt es zahllose Überlieferungen, die auf die Präsenz intelligenter Wesen von außerhalb der Erde anspielen.

Die alten japanischen Überlieferungen stecken voller fliegender Ungeheuer, weich auf dem Erdboden gelandeten »Sternen« und sonderbaren Gestalten, die dem »Bauch eines Drachen« entstiegen sind. Wir sollten uns jedoch davor hüten, all diese Beschreibungen ausschließlich einer überspannten Phantasie der alten Japaner zuzuschreiben oder bestenfalls Fehlinterpretationen gängiger Naturerscheinungen darin zu sehen. Denn schließlich sind die Japaner seit frühesten Zeiten wie kein anderes Volk daran gewöhnt, Manifestationen wie Erdbeben, Springfluten und Wirbelstürme zu beobachten und zu erdulden. Die Beschreibungen jener Naturereignisse lassen sich auch unschwer als solche erkennen. Darum sollten wir hellhörig werden, wenn in alten Mythen und Legenden die Rede ist von Wesen, Fahrzeugen oder Begebenheiten, die wir nicht so ohne weiteres auf natürliche Weise erklären können. Nicht selten lassen sie phantastische Rückschlüsse zu.

Als älteste noch erhaltene Überlieferung der japanischen Inseln gilt das »Kojiki«, die »Chronik von den uralten Begebenheiten«. Erst sehr spät, nämlich im Jahre 712, wurde sie von dem kaiserlichen Hofbeamten Hiyeda-no-are niedergeschrieben, nachdem sie jahrhunderte-, wenn nicht sogar jahrtausendelang von fahrenden Sängern und Erzählern weitergegeben worden war. Ihre Wurzeln aber reichen in uralte Zeiten zurück. Etwas später, im Jahre 720, wurde die Sammlung dann von dem Prinzen Toneri noch einmal durchgearbeitet und in klassischem Chinesisch neu geschrieben. Der Prinz gab der Chronik den Titel »Nihongi«. Er widmete das Werk der Kaiserin, der er damit ihre Abstammung von der legendären Sonnengöttin Amaterasu aufzeigen wollte.

Diese altjapanische Mythensammlung Kojiki beziehungsweise Nihongi legt Zeugnis ab über die Herkunft einer ganzen Herrscherdynastie von aus dem Himmel gekommenen Göttern.

Die Sonnengöttin Amaterasu (»die vom Himmel scheinende Erhabene«) schickte ihren Enkel, Ninigi-No-Mikoto, zum Regieren des japanischen Inselreiches auf die Erde hinunter. Der landete auf einem Berg im Westen der Insel Kyushu und brachte drei Requisiten mit, die seither als Reichskleinodien des japanischen Kaiserhauses verehrt werden: einen metallenen Spiegel, eine Juwelenschnur und ein Schwert. Alle drei Gegenstände existieren noch immer. So wird beispielsweise der sagenhafte Metallspiegel im Inneren Schrein des Shinto-Tempels von Ise auf der Insel Honschu verwahrt.[58] Ise ist der bedeutendste Wallfahrtsort der gläubigen Shintoisten in Japan. Diese verehren das heilige Relikt – das eingehüllt ist wie eine Mumie, kein Sterblicher hat es je zu Gesicht bekommen – mit wenigstens derselben Inbrunst wie die Moslems ihren Hajjar-al-Aswad in der Kaaba zu Mekka.

Was verbirgt sich tatsächlich unter den zahllosen Hüllen, was steckt in der Wundertüte drin?

Götter im Erdorbit

Bevor Amaterasus Enkel Ninigi auf einer »schwimmenden Brücke« vom Himmel auf die Erde herabstieß, erzählte man ihm, daß an einer himmlischen Wegkreuzung eine seltsame Gottheit stünde. Deren Nase sei sieben Spannen lang, der Mund und das Hinterteil würden ein lebhaftes Licht ausstrahlen. Die Göttin Uzumehime näherte sich dem Fremden, der sich als Sarute-Hiko vorstellte und ihr verkündete, er wolle gleichfalls in Japan Fuß fassen. Dabei bot er ihr eine »fliegende Brücke« oder ein »himmlisches Vogelschiff« an.[4]

Reizt diese Überlieferung nicht ungemein, sie in moderne Worte gefaßt wiederzugeben? Es macht Spaß, der Phantasie hier einmal etwas freien Lauf zu lassen.

Ninigi-No-Mikoto war mit seiner Crew auf dem Flug zur Erde, wo seine Landung auf den japanischen Inseln vorgesehen war. Als er sich planmäßig dem Erdorbit näherte, meldeten ihm seine Instrumente die Anwesenheit eines anderen Objektes, das in Warteposition um den Planeten kreiste. Schnell kam das andere Schiff in Sichtweite, und man konnte leicht Einzelheiten ausmachen. Eine lange, weit in den Raum hinausragende Antenne ermöglichte es der Besatzung des fremden Flugobjektes, Informationen von der Oberfläche der Erde, aber auch über Bewegungen im erdnahen Raum zu empfangen. Einige Abteilungen an den gegenüberliegenden Enden waren entweder hell erleuchtet oder reflektierten das Sonnenlicht.

Ein weibliches Mitglied der Mannschaft von Ninigi-No-Mikoto stellte den Kontakt zu der im Orbit kreisenden Station her. Umgehend funkte diese ihre Antwort zurück. Nachdem man sich darüber verständigt hatte, daß die Besatzungen beider Raumschiffe dasselbe Ziel ansteuern, bot

die andere Crew Ninigi-No-Mikoto eine Landefähre zur gemeinsamen Benutzung an.
Alte Mythen – in moderner Form verständlich geworden!
Der Enkel des zitierten Ninigi-No-Mikoto wiederum war Jimmu Tenno. Er war der erste Herrscher Japans, der den Titel Tenno trug, und bestieg im Jahre 660 v. Chr. den Thron. Seit Jimmu Tenno führen alle japanischen Kaiser bis auf den heutigen Tag diesen Titel, der soviel wie »himmlischer Herrscher« bedeutet und an die göttliche Herkunft der kaiserlichen Dynastie erinnern soll.

Erlebte Zeitverschiebung

Die Mythologie Nippons hat noch viele andere phantastische Begebenheiten zu bieten. Die Chronik des Nihongi weiß zu berichten, daß der Kaiser Kami-Yamato-Iharo-Biko im Jahre 667 v. Chr. mit seinen himmlischen Vorfahren gesprochen habe, die an Bord eines funkelnden Himmelsschiffes wieder zu ihren Wohnstätten zurückgekehrt seien. Gleichzeitig schritten sie 1792470 Jahre in der Zeit zurück.[4]
Eine rührende Liebesgeschichte, in der sogar Elemente des von Albert Einstein postulierten Zeitverschiebungseffektes (Zeitdilatation) vorkommen, wird in der Legendensammlung »Tango-Fudoki« geschildert.
Im Dorf Tsutsukaba im Distrikt Yosa lebte einst ein Mann, der unter dem Namen Inselkind bekannt war. Eines Tages fuhr er allein aufs Meer hinaus, um zu angeln. Da bekam er unerwartet Besuch von einem schönen Mädchen. Sie bot dem erstaunten Inselkind an, mit ihr in den Himmel zu kommen, wo sie mit ihm zusammen leben wollte. Er verliebte sich in das Mädchen und gab ihrem Drängen nach.

Auf dem Weg in die Heimat des Wesens passierten die beiden Reisenden die Sternbilder der Plejaden und der Hyaden. In dieser Geschichte werden sie als »die sieben Knaben« beziehungsweise als »die acht Knaben« umschrieben. In der himmlischen Residenz angekommen, heiratete Inselkind das Mädchen und verlebte fortan eine glückliche Zeit mit ihr.

Drei Jahre vergingen. Plötzlich wurde Inselkind von einer unstillbaren Sehnsucht nach seiner irdischen Heimat befallen. Er bat so lange und inständig darum, für eine Weile zurückkehren zu dürfen, bis ihm die Bitte gewährt und er auf die Erde zurückgebracht wurde. Dort angekommen, erschienen ihm sein Dorf und dessen Bewohner vollkommen fremd. Als er eine Weile umhergeirrt war, fragte er einen zufällig des Weges kommenden Mann nach seiner Familie. Dieser war ganz erstaunt und antwortete ihm, daß vor nunmehr 300 Jahren ein Mann mit dem Namen Inselkind allein aufs Meer hinausgefahren und nie mehr zurückgekommen war.[58]

War Inselkind auf einem Flug in den Weltraum der Zeitdilatation ausgesetzt, die für ihn die Zeit um vieles langsamer vergehen ließ als für seine auf der Erde zurückgebliebenen Angehörigen?

Fast könnte man meinen, daß die mit den Göttern konfrontierten Vorfahren der Söhne Nippons eine Vorliebe für Ausflüge ins Weltall hatten mit allen relativistischen Auswirkungen auf den Verlauf der Zeit. Was diesen Aspekt betrifft, möchte ich eine alte Sage aus der Anthologie »Nippon Mukasi Banasi« nicht unerwähnt lassen. Darin wird von einem Mann erzählt, der noch jung von einer Reise in den Himmel in seine Heimat zurückgekehrt war. Von seiner Familie aber traf er kein Mitglied mehr lebend an: Alle waren schon vor langer Zeit gestorben![4]

Hierin liegt eine Menge Zündstoff verborgen! Denn erst Albert Einstein (1879–1955) beschrieb in seiner im Jahre 1905 aufgestellten Speziellen Relativitätstheorie die Auswirkungen, die ein Raumflug mit annähernder Lichtgeschwindigkeit (c = 300 000 km/sec) auf die Insassen des Raumschiffes haben würde. Die Zeit für die Raumfahrer verginge – relativ zu den auf der Erde Zurückgebliebenen – wesentlich langsamer. Und zwar um so langsamer, je länger der relativistische interstellare Raumflug dauern würde. Die nachfolgende Tabelle soll dies verdeutlichen.

10 Jahre im Raumschiff	25 Jahre auf der Erde
15 Jahre im Raumschiff	80 Jahre auf der Erde
20 Jahre im Raumschiff	270 Jahre auf der Erde
25 Jahre im Raumschiff	910 Jahre auf der Erde
30 Jahre im Raumschiff	3 100 Jahre auf der Erde
35 Jahre im Raumschiff	10 600 Jahre auf der Erde

Dies läßt unschwer erkennen, daß nach einem solchen Weltraumflug, der für die Besatzung 15 Jahre gedauert hat, kaum mehr Verwandte oder Freunde die rückkehrende Crew begrüßen könnten!

Die oben erwähnten Schilderungen aus der japanischen Mythologie stammen jedoch aus Olims Zeiten. Aber erst seit Albert Einstein können wir uns halbwegs einen Reim darauf machen, welch ungeheuerliche Vorkommnisse uns da aus längst vergangenen Epochen berichtet werden. Woher hatten die alten Chronisten ihr präzises Wissen um physikalische Vorgänge, die bei Annäherung an die Lichtgeschwindigkeit auftreten?

Nicht nur die japanische Mythologie bietet uns reichlich Auswahl an Indizien für den Kontakt mit außerirdischen Wesen. Auch die Ureinwohner der Inseln, die schon erwähnten Ainus, haben Erinnerungen an die Begegnungen mit den fremden Raumfahrern bewahrt. An anderer Stelle habe ich bereits von dem alten Ainu-Gott Okiki-rumikammi berichtet, der in einer »shinta«, einer leuchtenden »Wiege«, auf die Erde herniederkam. Er vermittelte den Ainus sein Wissen und vernichtete einen »bösen Dämon«, der ihnen feindlich gesonnen war.

Volk ohne Stammbaum

Über dieses geheimnisumwitterte Volk sind bislang zahllose Vermutungen angestellt worden. Allerdings müssen die Ethnologen zugeben, daß sie relativ wenig an gesichertem Wissen darüber besitzen. Die Angehörigen der Ainus weisen – ganz im Gegensatz zu den anderen mongoliden Volksgruppen Ostasiens – eine sehr helle Haut und braunes Haar auf. Sie sind von relativ kleinem Wuchs und besitzen eine extrem starke Körperbehaarung. Heutzutage existieren nur mehr etwa 12000 Ainus, die fast ausschließlich auf Hokkaido ansässig sind. Einige wenige sind auch auf den seit Ende des Zweiten Weltkrieges russisch besetzten Kurileninseln sowie auf Sachalin zu finden. Unter ihnen gibt es kaum mehr reinrassige Ainus. Größtenteils sind sie in der übrigen japanischen Bevölkerung aufgegangen.
Heute werden die Ainu-Sprache und Reste der traditionellen Kultur nur noch von den Bewohnern einiger weniger »Ethno-Villages« gepflegt, welche die Regierung eigens errichten ließ. Die beiden bedeutendsten sind Shiraoi, südlich des Shikotsu-Toya-Nationalparks im Südwesten Hokkaidos gelegen, sowie Chikabumi im Zentrum der Insel, nahe der Distrikthauptstadt Asahikawa.
Die Sprache der Ainus ist mit keiner anderen bekannten auch nur annähernd verwandt. Übersetzt bedeutet der

15

15 Spekulative Darstellung einer Weltraumstadt der Zukunft im Erdorbit. Alte tibetische Mythen berichten von Sudarsoma, der Stadt der 33 Götter, die um unseren Planeten kreiste.

16 »Schlangen-Lama« Alois Resch führt seinen verblüfften Zuschauern grausige Tschöd-Praktiken vor.

16

17

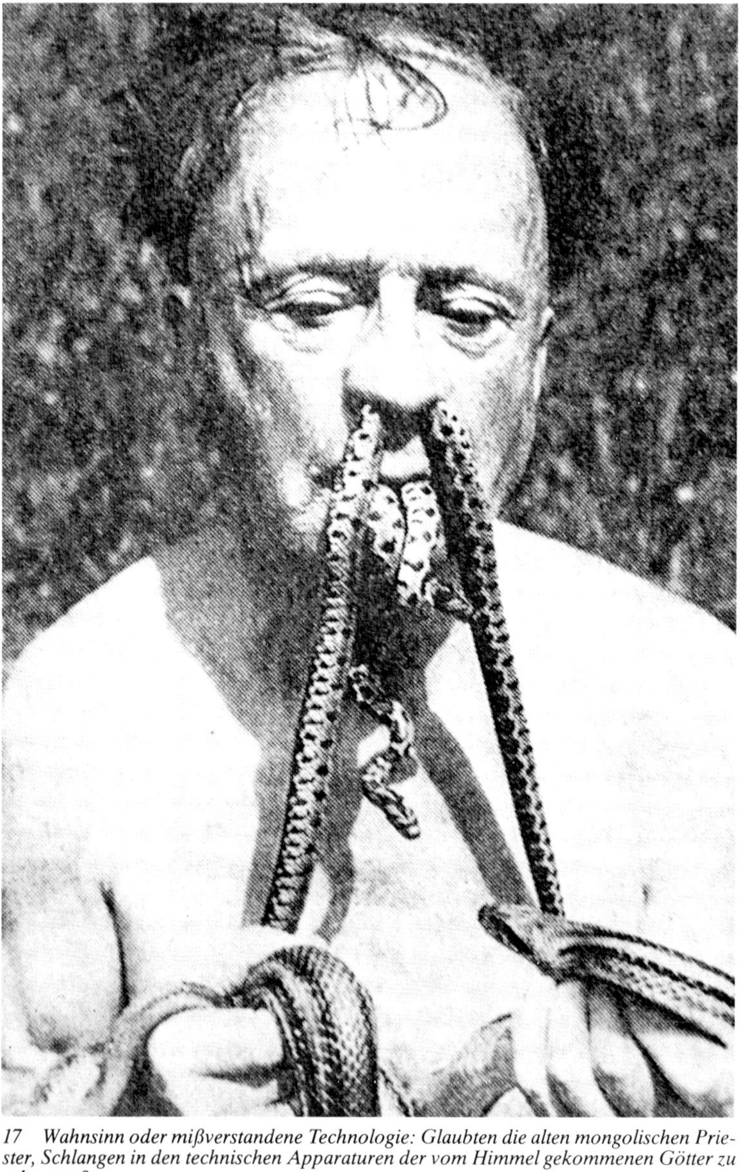

17 Wahnsinn oder mißverstandene Technologie: Glaubten die alten mongolischen Priester, Schlangen in den technischen Apparaturen der vom Himmel gekommenen Götter zu erkennen?

18 Auch der populäre Hindugott Ganescha trägt einen rüsselartigen Auswuchs: vorzeitliche Atemgeräte?

18

19 Im japanischen Mittelalter trieben die »Kappas« ihr Unwesen. Sie besaßen Atemschläuche, die zu einem Tank auf ihrem Rücken führten.

19

20
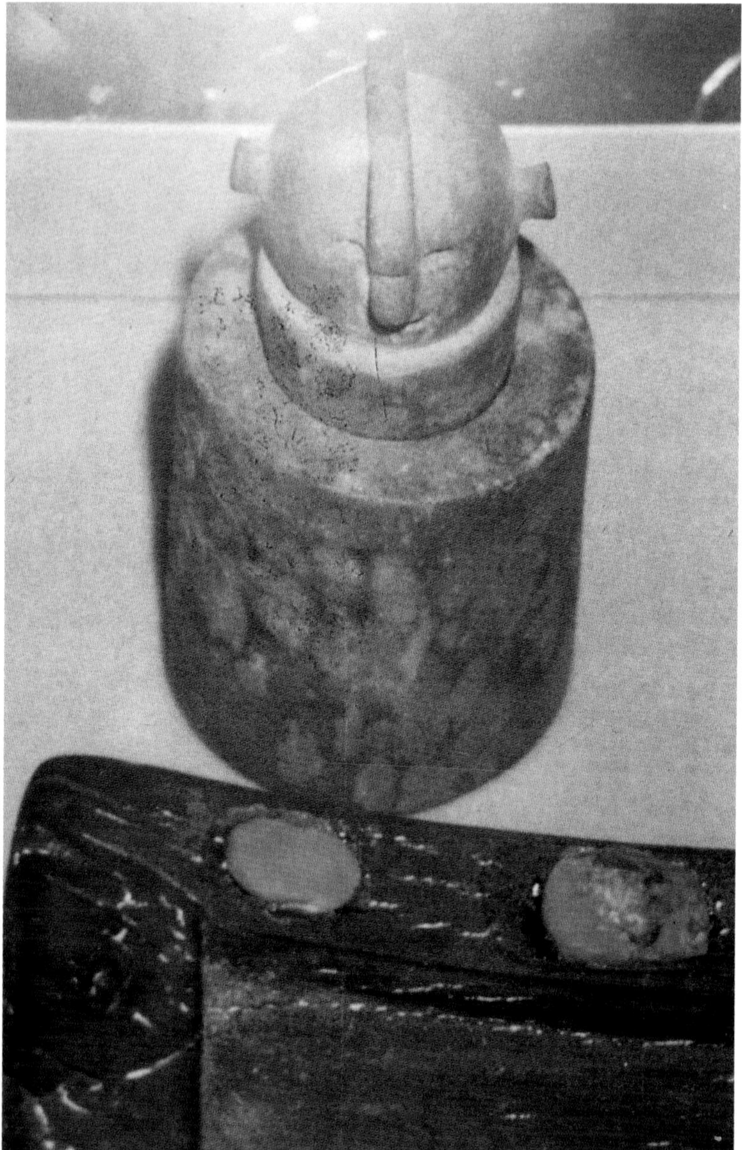

20 *Diese Figur mit astronautischen Merkmalen fand man in einem uralten Grab am Rand der Atacama-Wüste. Exponat aus dem »Museo Arqueologico G. LePaige« in San Pedro de Atacama/Chile.*

Name Ainu übrigens soviel wie »Mensch«. Sehr rätselhafte Züge trägt ihre Kultur, obwohl sie hier und da gewisse Parallelen zu Sitten und Gebräuchen aufweist, die man auch bei einigen Stämmen im äußersten Osten Sibiriens beobachtet hat. Am ungewöhnlichsten ist der vereinzelt auch heute noch praktizierte Ritualmord an Bären. In der Vergangenheit wurde zu diesem Zweck regelmäßig ein junger Bär gefangen und von den Frauen der Dorfgemeinschaft aufgezogen. Meist wurde das Jungtier sogar von ihnen gesäugt. War der Bär dann ausgewachsen, opferte man ihn im Verlauf einer ausgedehnten Zeremonie.[59]

Absolut unklar ist allerdings, warum der bedauernswerte Sohlengänger den Opfertod erleiden mußte, galt er den Ainus doch schon immer als »Mittler zwischen den Menschen und den Göttern«. Sie beten ihn genauso an wie die Schlange, die – was für ein Zufall! – nach ihrer Mythologie gleichfalls von den Sternen gekommen ist.[4, 5]

Um einen weiteren besonderen Ainu-Brauch handelt es sich beim sogenannten Kut. Damit wird ein Gürtel bezeichnet, den jede Ainu-Frau unter ihren Kleidern trägt. Jede Frau erbt ihren ganz speziellen Kut von ihrer Mutter, und keiner dieser Gürtel gleicht irgendeinem anderen. Ein jeder zeichnet sich durch ein besonderes Material, sein Muster sowie seine Länge aus. Die diversen Gürteltypen werden mit bestimmten Gottheiten in Verbindung gebracht. Darüber hinaus werden ihnen magische Kräfte zugesprochen: So sollen sie in der Lage sein, Naturgewalten wie Flutwellen und Stürme in Zaum zu halten und auch ihre Trägerinnen vor Krankheiten zu schützen.[59, 60]

Leider wissen auch die Ethnologen nur sehr wenig über diesen interessanten Brauch. Es würde mich aber nicht wundern, wenn wir auch hier vor einer Art von Cargo-Kult stehen würden. Diese Kulte beruhen auf der mißverstandenen Nachahmung von Techniken und Verhaltensweisen, die Eingeborene bei den Vertretern höherer Zivilisationsstufen beobachtet haben. Sinn und Zweck des Ganzen ist der Wunsch nach einer Wiederkehr der als Götter angesehenen Fremden, aber auch nach den Annehmlichkeiten und Errungenschaften, über die diese verfügen. Die Anzahl dieser Cargo-Kulte ist besonders im asiatisch-pazifischen Raum Legion.

Über die Herkunft der Ainus wurden die unterschiedlichsten Hypothesen aufgestellt. Der Völkerkundler Dr. Kindaichi von der Universität in Tokio vermutet, daß die Ainus zu den Vorfahren der Indianer Nordamerikas gehören. Anfänglich im Norden Europas heimisch, zogen sie nach seiner Theorie über Island und Grönland nach Nordamerika, wo sich ein Teil von ihnen mit mongoliden Stämmen vermischte. Die anderen gelangten dann im weiteren Verlauf ihrer Wanderschaft über die Aleuteninseln und die Kurilen bis nach Japan, ohne von mongoliden Einflüssen berührt zu werden. Warum einfach, wenn es auch umständlich geht?

Einer weiteren Hypothese zufolge wanderten die Vorfahren der Ainus vom Osten her nach Japan ein. Andere spekulierten, sie könnten möglicherweise die ursprüngliche Rasse Ostasiens darstellen.[43] Vielleicht waren an der Herkunft dieses mysteriösen Volkes ohne Stammbaum aber auch Faktoren beteiligt, die auf Eingriffe aus dem Weltraum zurückgehen.

Kaum bekannt ist nämlich die Tatsache, daß auch die Vorfahren der Ainus ihrer Nachwelt Statuetten hinterließen, die ähnlich den Dogu-Figuren auffällige Merkmale astronautischer Bekleidung aufweisen. Wie die weitaus bekannteren Dogus entstanden die entsprechenden Plastiken der Ainus in derselben Zeit.[5]

Rätselhafte Dogu-Plastiken

Was die vielzitierten Steinscheiben von Baian-Kara-Ula für China darstellen, das sind die Dogu-Statuetten für Japan. Eine jener harten Tatsachen, die sehr gute Indizien dafür abgeben, daß unsere Vorfahren tatsächlich Besuch aus dem Weltall bekommen haben.

Eine der frühesten japanischen Kulturepochen war die sogenannte Jomon-Zeit. Sie wird von den Archäologen für gewöhnlich auf etwa 7500 bis 300 v. Chr. datiert. In der ausgehenden Jomon-Periode, etwa um 600 v. Chr., begannen die Vorfahren der Japaner damit, seltsame tönerne und steinerne Figuren anzufertigen. Die frühen Versionen dieser Plastiken waren noch sehr klein und primitiv in ihrer Ausführung. Doch dann schien sich ihr Stil plötzlich zu wandeln. Die Figuren bekamen nämlich sehr detailliert herausgearbeitete Einzelheiten. Gleichzeitig wuchs ihre Größe: Die meisten Exemplare aus dieser Epoche messen zwischen 20 und maximal 60 Zentimetern. Vereinzelt traten sogar aus Bronze gefertigte Modelle auf. Ihre Bekleidung erhielt komplizierte Muster aus Bändern, Streifen und Punkten. Das absonderlichste Merkmal an ihnen aber war, daß sich die Augen der hier dargestellten Gestalten hinter brillenartigen Visieren verbargen. Der ganze Kopf schien tatsächlich in einem richtigen Helm zu stecken. Alles in allem betrachtet, erinnerten diese merkwürdigen Figuren eher an einen Piloten in seinem Overall mit dem dazugehörigen Kopfschutz.

Die Fachgelehrten, die im 19. Jahrhundert über diese seltsamen Artefakte zu befinden hatten, waren nicht wenig erstaunt über deren ausgesprochen technisch anmutende Ausführung. Bereits damals sorgte insbesondere die Augenpartie für Rätselraten unter den Wissenschaftlern. Bei einigen Dogu-Figuren sind sie durch ovale Vorsprünge mit einem Schlitz in der Mitte angedeutet, bei anderen jedoch als rechteckiges »Fenster« ausgeführt. Dies bewog im Jahre 1894 den Forscher Shogoro Tsuboi zu der Äußerung, daß ihn die ovalen Vorsprünge an moderne Brillen erinnerten, wie sie die Eskimos tragen. Um die Augen vor einer Blendung durch den Schnee effektiv schützen zu können, sind diese Brillen mit einem veränderlichen Sehschlitz ausgestattet. Da man jedoch zu Ende des 19. Jahrhunderts die Statuetten als Rüstungen alter japanischer Krieger ansah, schenkte man den Denkanstößen Tsubois damals keine weitere Beachtung.[4]

Erst in den sechziger Jahren unseres Jahrhunderts wurden die Dogu-Plastiken erneut interessant. 1962 beschrieb sie der sowjetische Schriftsteller Alexander Kasanzew, besaß er doch selbst drei Exemplare davon. Und nach der Veröffentlichung in Erich von Dänikens Buch »Zurück zu den Sternen« (1969) wurden sie buchstäblich über Nacht weltbekannt.

Der Jomon-Anzug, wie die Dogu-Figuren in Anlehnung an die Epoche, aus der sie stammen, auch genannt werden, interessierte in der Zwischenzeit auch noch andere Stellen. Dort wurde die Zeit reif für eine wirkliche Überraschung. Die mit dem Schriftsteller Kasanzew befreundeten Wissenschaftler Matsumura und Zeissig gelangten unabhängig von anderen Publikationen zu der Überzeugung, daß die Bekleidung und der voluminöse Kopfschmuck der Figuren die detailgetreue Nachbildung einer bestimmten Sorte von Weltraumanzügen darstellte, die von anderen Planeten stammende Besucher getragen hatten. Und sie ließen ihrer Überzeugung Taten folgen.

Vorbilder für moderne Raumanzüge

Matsumura und Zeissig sandten in der Folge ausführliche Dokumente, Zeichnungen und Fotos sowie die Konsequenzen ihrer Überlegungen an die amerikanische Weltraumbehörde NASA. Die sah das Ganze zum Glück nicht als das Werk von Spinnern und Spaßvögeln an, sondern tat ihrerseits einen mutigen Schritt. Sie beauftragte die in Los Angeles ansässige Firma Litten Industries, nach diesen Mustern einen Weltraumanzug anzufertigen. Und den Herren Matsumura und Zeissig sandte die NASA eine Replik mit folgendem Wortlaut:

»Unsere Beobachter sind der Ansicht, daß die Hypothese über den Anzug, der auf den von Ihnen übersandten Dokumenten abgebildet ist, großes Interesse verdient. Derselbe Anzug wurde nun angefertigt und an die NASA-Generaldirektion für astronautische Ausrüstung geschickt; er soll jetzt weiter perfektioniert werden.

Wir teilen Ihnen ferner mit, daß die Verbindungsvorrichtungen, die Spezialfassungen der Augenlöcher, die beweglichen Gelenke, die Kugelverschlüsse sowie die Kunstgriffe für die Aufrechterhaltung des (Luft-)Druckes, alles also, was Sie uns aufgezählt haben und was auf den Fotografien angegeben ist, auf Anregung der oben erwähnten Direktion bei der steifen Ausführung des Astronautenanzuges berücksichtigt wurde.«[61]

Wie real und gleichzeitig phantastisch müssen doch die Vorbilder für diese Dogu-Statuetten gewesen sein, wenn die NASA nach ihrer Vorlage sogar ein »Extravehicular Mobility Unit«, wie der spezielle Begriff lautet, also einen Weltraumanzug, herstellen ließ!

Die Kontakte der alten Japaner mit jenen Humanoiden in Weltraumkleidung dauerten mit großer Wahrscheinlichkeit eine geraume Zeit an. Man fand die Statuetten nämlich in großer Anzahl auf der Hauptinsel Honshu, und zwar in den Bezirken Kamegaoka und Miyagi. Ebenfalls reiche Funde machte man im Kanto-Gebiet nordöstlich von Tokio und nahe der Stadt Aomori im äußersten Norden von Honshu. Nicht zu vergessen die ähnlichen Figuren der Ainus auf Hokkaido.

Naturgemäß befaßt man sich in Japan weit intensiver mit diesen Funden aus der Frühgeschichte des Landes. In den sechziger Jahren hat sich ihrer der Experte Isao Washio besonders angenommen. Auch er stellte eindeutig vorhandene Merkmale von Weltraumanzügen fest:

»Die Handschuhe sind mit einem kugelförmig gerundeten Verschluß am Unterarm befestigt; die Augenovale können entweder geöffnet oder bis auf einen kleinen Schlitz geschlossen werden; zu beiden Seiten sind kleine Hebel sichtbar, mit denen man wahrscheinlich die Öffnungsweite einstellen konnte. Die ›Krone‹ auf dem Helm ist wahrscheinlich eine Antenne; die Zeichnungen auf den Anzügen sind keine Ornamente, sondern Vorrichtungen zur automatischen Druckregulierung.«[61]

Was weiß die Überlieferung über die Vorbilder der Skulpturen zu berichten? Nicht viel, außer daß es sich hierbei um »Helfer der Götter« handelte.[45]

Eine andere Spur scheint mir hier noch erwähnenswert. Die Dogu-Figuren mit den ausgeprägtesten Raumfahrermerkmalen tauchten etwa um 600 v. Chr. auf. Eben zur gleichen Zeit kam auch der Gott Ninigi-No-Mikoto vom Himmel herab, wurde Jimmu Tenno, der erste »Himmlische Herrscher«, inthronisiert. Auf demselben Breitengrad, einige tausend Kilometer entfernt, hatte der biblische Prophet Hesekiel zeitgleich seine Begegnung mit einer Art Raumschiff. Als er mit seinem Volk am Fluß Chebar in der babyloni-

schen Gefangenschaft (600–588 v. Chr. unter König Nebukadnezar II.) weilte, erschien ihm die »Herrlichkeit des Herrn«. Sie tat ihm die folgende Weisheit von geradezu ewiger Gültigkeit kund:
»Du Menschenkind, du wohnest in einem Hause des Widerspruchs; sie haben wohl Augen, daß sie sehen könnten, und wollen nicht sehen, und Ohren, daß sie hören könnten, und wollen nicht hören; denn sie sind ein Haus des Widerspruches.« (Hesekiel, Kapitel 12, Vers 1–2)
Erscheint es wirklich so weit hergeholt, die Dogu-Figuren einfach als das zu sehen, wonach sie ganz eindeutig aussehen? Als Darstellungen von menschenähnlichen Wesen in modern anmutenden Weltraumanzügen.

Die Zyklopenmauern von Nara

Knapp 30 Kilometer südlich der alten Kaiserstadt Kyoto befindet sich die Stadt Nara. Auch sie war einst Kaiserstadt, nämlich von 710 bis 1192. Es war im japanischen Hochmittelalter. Aus dieser Periode sind noch die meisten religiösen Bauwerke erhalten. Sie liegen alle konzentriert um den großen Nara-Park: der prachtvolle Kasuga-Schrein, das Todaiji mit der größten aus Holz erbauten Halle der Welt und einer riesigen Buddhastatue sowie das Schatzhaus Shosoin aus dem achten Jahrhundert, das den gesamten Privatbesitz des Kaisers Shomu enthält.
Nur wenigen ist allerdings bekannt, daß sich etwas außerhalb der Stadt vollkommen unbegreiflich bearbeitete Steinkolosse befinden. Gewaltige Brocken mit Rillen, Ausbuchtungen und Fugen, Leisten und Stufen vermitteln den Eindruck moderner Betonbauten. Sie bestehen jedoch aus har-

tem Granit. Genau wie bei den ähnlich bearbeiteten Zyklopenmauern in Peru und Bolivien steht man vor dem Rätsel, wer hier vor langer Zeit mit welchen technologischen Mitteln titanische Leistungen zuwege brachte.[62]

Bevor ich anhand einiger Begebenheiten aus dem Mittelalter Japans aufzeige, daß sich der Bogen außerirdischer Besuche auch hier bis in neuere Zeiten spannt, will ich einen Abstecher machen. Er beginnt in der Mitte unseres Jahrhunderts, genauer gesagt in den letzten Tagen des Zweiten Weltkrieges. Es ist August 1945.

Zu einem Zeitpunkt, als im Krieg zwischen den Vereinigten Staaten und Japan eigentlich schon alles entschieden ist, gibt Präsident Harry S. Truman den Befehl zum Einsatz der eben erst entwickelten Atombombe. Die Besatzung einer B-29-Superfortress wirft am Morgen des 6. August 1945 die »Little Boy« genannte Bombe über der Industriestadt Hiroshima ab. Sie fordert auf einen Schlag über 80000 Tote. Mehr als 60000 Verletzte siechen zum Teil noch jahrelang jämmerlich dahin, bis auch sie der Tod von ihrem qualvollen Dasein erlöst. Drei Tage später ist die 300 Kilometer entfernte Hafenstadt Nagasaki an der Reihe. Auch sie wird fast völlig ausgelöscht. Zum ersten Mal in der Geschichte der modernen Kriegsführung haben die Überlebenden allen Grund, die Toten zu beneiden.

Schatten auf den Mauern

In Hiroshima richteten die Stadtväter zum Gedenken an den atomaren Holocaust eine Gedenkstätte inmitten der zerstörten Stadt ein. Hier, im Epizentrum der Verwüstung, stehen nahezu unbeschädigte Mauern. Auf ihnen sind die gespenstisch anmutenden Umrisse von menschlichen Gestalten zu erkennen. Von Opfern, die im Augenblick der gewaltigen Explosion regelrecht verdampft sind. Aus diesem Grund wurde das dahinterstehende Mauerwerk von etwas weniger Lichtenergie getroffen als die umliegenden Partien. Es entstand - ähnlich wie eine Fotografie - ein makabres Abbild eines Menschen im Augenblick seines Todes.

Ein anderes Land in Asien scheint in uralten Zeiten ebenso schmerzliche Erfahrungen gemacht zu haben wie Japan in jenen letzten Tagen des Zweiten Weltkrieges. Es ist Indien. In seinen Überlieferungen rasen keine silbernen Drachen, Donnervögel oder fliegenden Schlangen über den Himmel, sondern Flugmaschinen. In den alten Sanskritschriften werden sie »Vimanas« genannt. Hier wird nicht mit »Blitzspießen« oder »Donnerschlägen« wie in den altchinesischen Mythen gekämpft. Sondern mit furchterregenden Waffen, deren Beschreibungen fast bar jeder mythologischen Verschleierung sind.

Detaillierte Berichte über Atomschläge, die sich vor Tausenden von Jahren ereignet haben müssen, kann man in den altindischen Nationalepen »Mahabharata« und »Ramayana« nachlesen. Bis 1945 sahen die Gelehrten darin nichts anderes als die altbekannten und typischen Übertreibungen bei der Darstellung mythischer Götterschlachten. Aber Hiroshima veränderte auch ein Weltbild. Und so war Jacob Robert Oppenheimer (1904-1967), der auch der »Vater der Atombombe« genannt wurde, einer der ersten Wissenschaftler, die hellhörig wurden bei Schilderungen wie dieser:

»Es war ein einziges Geschoß,
geladen mit der ganzen Kraft des Universums.
Eine weißglühende Säule aus Rauch und Flammen,
so hell wie zehntausend Sonnen stieg auf in all ihrem Glanz.

Es war eine unbekannte Waffe, ein eiserner Donnerkeil,
ein riesiger Todesbote, der in Asche verwandelte
das gesamte Geschlecht der Vrishnis und Andhakras.
Die Leichen waren dermaßen verbrannt,
daß sie nicht wiederzuerkennen waren.
Die Haare und Nägel fielen ihnen aus,
Tongefäße zerbrachen ohne Grund
und die Vögel verfärbten sich weiß.«[63]

Dies ist keine Schilderung aus dem Hiroshima der Tage nach dem 6. August 1945. Dies ist die jahrtausendealte Beschreibung einer Vernichtungswaffe mit Namen Agneya im indischen Nationalepos »Mahabharata«.

Lassen sich solche in den Überlieferungen niedergelegte phantastische Schilderungen überhaupt verifizieren? Tatsächlich gibt es handfeste Anhaltspunkte dafür, daß in den indischen Mythen atomare Angriffe beschrieben werden, die so real und gleichzeitig so schrecklich waren wie die im Japan der letzten Kriegstage.

Spuren des atomaren Holocaust

Auf dem Boden der Ruinenstädte Mohendscho-Daro und Harappa – beide liegen auf dem Gebiet des heutigen Staates Pakistan – grub man menschliche Skelette aus, die so hohe Strahlungswerte aufwiesen, daß man mit gutem Grund von radioaktiver Kontamination (Verseuchung) sprechen kann. Und in einem Gebiet, das sich über Indien, Pakistan, den Westen Chinas bis in den Irak erstreckt, stießen die Archäologen ab einer bestimmten Tiefe immer wieder auf regelrecht verglaste Schichten. Eine Art von grünlichem, geschmolzenem Glas, ähnlich jenen Sandverglasun-

gen, wie sie die ersten Testexplosionen in der Wüste von Nevada hinterlassen haben.
Robert J. Oppenheimer wurde einmal von Studenten im Verlauf einer Diskussion im Jahre 1952 gefragt, ob denn die Testbombe von Los Alamos die erste gewesen sei. Seine Antwort war äußerst hintergründig: »Nun ja. Jedenfalls in neuerer Zeit.«[37]
Zuweilen berichten Forscher und Abenteurer über noch weit erstaunlichere Funde. Der Reisende De Camp entdeckte Ruinen, die so starke Zerstörungen aufwiesen, wie sie schwer durch einen herkömmlichen Brand entstanden sein konnten. Einige Felsformationen wirkten geradewegs, als wären sie teilweise geschmolzen und ausgehöhlt wie von glutflüssigem Stahl angespritzte Zinnplatten. Die genannten Ruinen sollen sich in einem Gebiet befinden, das sich zwischen dem Ganges und den benachbarten Rajmahalbergen erstreckt.[4]
Es handelt sich um eine noch weitgehend unerforschte Region in Westbengalen, nicht weit von der Grenze zu Bangladesh, dem früheren Ost-Pakistan. Die ganze Gegend ist von Nebenflüssen und Seitenarmen des Ganges durchzogen. Nur in den monsunfreien Monaten ist dort einigermaßen ein Durchkommen möglich. In der übrigen Zeit vereitelt Hochwasser jegliche Erschließung. Dann wälzen sich die unübersehbaren braunen Fluten auf das Gangesdelta zu, dem Golf von Bengalen entgegen.
Etwas weiter südlich stieß der britische Offizier J. Campbell in den zwanziger Jahren auf ähnliche Ruinen. Dabei machte er eine unheimliche Entdeckung, die uns seit Hiroshima und Nagasaki verständlich geworden ist. Auf dem teilweise verglasten Boden eines Innenhofes dieser namenlosen Ruinenstadt war der schattenhafte Abdruck einer menschlichen Gestalt zu erkennen!

Auch andere Reisende wußten übereinstimmend zu berichten, sie hätten in unzugänglichen Gegenden Indiens in Ruinen liegende Stätten entdeckt, die der Dschungel nahezu vollkommen verschlungen hatte. Sie beschrieben die Mauern der Gebäude als »dicken Kristallscheiben« gleich, von unbekannten Kräften zerfressen und durchbohrt.[4]

Was für schreckliche Geheimnisse hat der alles überwuchernde Urwald des indischen Subkontinents unseren Blicken entzogen? Die Götter des alten Indien müssen wahrhaft allmächtig gewesen sein. Und sie dürften ihre Überlegenheit auch weidlich ausgenutzt haben, was die Spuren eines atomaren Holocaust belegen, auf die man dort immer wieder stößt.

Aus dem Indien der Heldenepen und Götterschlachten kehren wir zurück ins mittelalterliche Japan. Während der Nara-Periode und der beginnenden Heian-Ära – nach unserer Zeitrechnung ist das zwischen 700 und 850 n. Chr. – tauchten dort die Kappas auf. Diese geheimnisvollen Wesen wurden damals allerorts gesichtet. Es existieren sogar einige künstlerische Darstellungen von diesen Gestalten.

Mittelalterliche Aliens

Nach den im ganzen Inselreich bekannten Überlieferungen handelte es sich um humanoide Geschöpfe, die in Sumpfgebieten und Flüssen hausten. Sie gingen aufrecht und trugen an ihren Händen und Füßen flossenartige Schwimmhäute, aus denen lange, hakenähnliche Krallen ragten. Die großen Ohren, an denen so etwas wie eine Kapsel angebracht zu sein schien, waren beweglich. Ihre Augen wirkten dreieckig und in die Länge gezogen. Auf dem Kopf trugen die Kappas eine Art runder Scheibe, aus der vier lange Nadeln herausstanden.

Was an dem relativ kleinen Kopf dieser Wesen am meisten auffiel, war ein rüsselartiger Auswuchs. Er war mit einem gedrehten Schlauch vergleichbar und führte von Mund und Nase, die sich offensichtlich darunter verbargen, nach hinten zum Rücken. Dort mündete er in einen Kasten. Ähnliche Rüsselwesen finden sich in Darstellungen auf der ganzen Welt. In Asien am häufigsten in Form des populären Hindugottes Ganescha.

Der japanische Naturwissenschaftler Professor Komatsu Kitamura vertrat in einem Artikel in der Zeitschrift »Mainichi Graphic« die Meinung, daß die »Schilfmenschen« Besucher aus dem Weltraum gewesen sein könnten. Auffällig ist in der Tat die große Ähnlichkeit mit Froschmännern oder auch mit Piloten von hochfliegenden Kampfflugzeugen. Der Rüssel wäre demnach nichts anderes als eine Atemmaske, deren Versorgungsschlauch zu einem Lufttank auf dem Rücken führte. Möglicherweise waren die Kappas nicht an das auf der Erde übliche Luftgemisch gewöhnt, oder sie trugen diese Apparaturen nur bei der Ausführung bestimmter Tätigkeiten. Die scheibenförmige Kopfbedekkung wäre dann in Wirklichkeit mit Antennen ausgestattet gewesen und diente zur Kommunikation.

Über die Kappas sagen die Überlieferungen, daß sie in großen »Muscheln« gewohnt haben, die auf dem Wasser schwimmen konnten. Gelegentlich erhoben sie sich und flogen dann mit hoher Geschwindigkeit durch die Luft.[45,61]

Stehen diese Wesen in Verbindung mit den altbekannten Göttern aus dem All? Oder handelte es sich hier um eine andere Gruppe von Außerirdischen, die in einer der unseren Zeit nahen Epoche ihr Intermezzo abgaben?

Waren sie auch die Urheber für zahlreiche Sichtungen un-

bekannter Flugobjekte, die uns aus dem Japan des 12. bis 14. Jahrhunderts berichtet wurden? Will man den Chronisten aus jener Zeit Glauben schenken, scheint über dem Kaiserreich damals ein reger Luftverkehr geherrscht zu haben. Es war eine unruhige Periode, in der mehr und mehr Macht vom Tenno an die Kasten der Ritter (»Samurai«) und der Krieger (»Bushi«) überging. Japans eigentliche Beherrscher waren die Feldherren (»Shogune«). Verschiedene Interessengruppen und Clans wetteiferten um Macht und Einfluß im Land. Dabei kam es nicht selten zu kriegerischen Auseinandersetzungen. Gerade diesen Umständen verdanken wir vielleicht einen Großteil der Sichtungsberichte. Alle Seiten übten sich in erhöhter Wachsamkeit und beobachteten ihre Umgebung mit Argusaugen – einschließlich der Vorgänge, die sich am Himmel abspielten.
Im Jahre 1361 beobachteten Zeugen ein fliegendes Objekt, das die Form einer Trommel besessen haben soll. Es stieg vom Japanischen Meer aus auf und verschwand rasch am Himmel. Bei mehreren Gelegenheiten wurden leuchtende Gegenstände am Firmament gesichtet, die von den erstaunten Beobachtern mit dem Vollmond verglichen wurden. Man könnte leicht zu dieser natürlichen Erklärung Zuflucht nehmen, wäre da nicht der Umstand, daß sie meist in Formationen auftauchten.
Viele Bewohner der Stadt Kyoto sahen Feuerkugeln in den Lüften. Eines der gesichteten Objekte wurde als rotierendes, rotes Rad beschrieben. Eine mittelalterliche Tuschzeichnung zeigt ein von Flammen umzüngeltes Rad, das hoch über den Köpfen seiner Beobachter am Himmel schwebt.[37, 39]
In der Nacht des 27. Oktober 1180 startete ein – wie sich die Zeugen ausdrückten – »irdenes Gefäß« von einem Berg in der im Süden Honshus gelegenen Provinz Kii und flog

dann in nördlicher Richtung davon. Das Objekt verschwand bald am Horizont, wobei es eine leuchtende Spur hinterließ. In einem anderen, aus dem Jahre 1271 datierenden Fall wurde in allerletzter Minute die Hinrichtung eines zum Tode Verurteilten ausgesetzt. Am Ort der Vollstrekkung erschien unvermittelt ein unbekanntes Flugobjekt am Himmel.

Im Jahre 1235: Ein General auf UFO-Jagd

Am 24. September 1235 befand sich der kaiserliche General Yoritsume mit seinen Soldaten im Manöver. In der Nacht beobachteten die Wachen, wie am Himmel südlich ihres Heerlagers mysteriöse Lichter kreisten. Über viele Stunden hinweg hielten sie mit den absonderlichsten Flugmanövern Mannschaften und Offiziere in Atem. Sie vollführten halsbrecherische Sturzflüge und andere Bewegungen, die allen Gesetzen der Schwerkraft zu trotzen schienen.

Am Morgen danach ordnete General Yoritsume eine Untersuchung der nächtlichen Phänomene an. Die von ihm eingesetzte »Expertenkommission« kam zu einem Ergebnis, das sich harmonisch in die Reihe heutiger UFO-Erklärungen einfügen könnte. Sie glaubte nämlich herausgefunden zu haben, es sei nur »der Wind gewesen, der die Sterne am Himmel in Schwingungen versetzt hatte.«[37, 56]

Es sei den damaligen UFO-Ermittlern nachgesehen, daß sie bemüht waren, für die seltsamen Beobachtungen eine möglichst rationale Erklärung anzubieten. Vielleicht hätte eine diesem Phänomen angemessenere Beurteilung eine Zurechtweisung oder gar Bestrafung nach sich gezogen. Die

damaligen Machthabenden reagierten auf Erscheinungen, die das nach außen hin gültige Weltbild zu sprengen drohten, in der Regel wohl auch nicht gelassener als viele ihrer heutigen Amtskollegen.
Vielleicht hat man aber auch dazugelernt. Es mehren sich im modernen Japan – wie auch in China – die Anzeichen, daß das UFO-Phänomen von offiziellen Stellen zunehmend ernster genommen wird. Eine vernünftige Reaktion, gibt es doch mittlerweile eine Vielzahl gut dokumentierter Fälle, für die der folgende als Beispiel stehen mag.
Am Abend des 18. März 1965 flog eine Convair 240 der japanischen Fluggesellschaft TOA-Airlines mit 28 Passagieren über die Insel Shikoku. Kapitän Yashika Inaba flog die Maschine zusammen mit seinem Copiloten Tesu Umashima. Gegen 19 Uhr – die Piloten hielten eine Flughöhe von 2000 Metern ein – erschien ein fremdartiges Objekt neben dem Flugzeug. Es hatte einen geschätzten Durchmesser von etwa zwölf bis 15 Metern und strahlte ein grünliches Licht aus. Bei der Annäherung der Erscheinung fielen in der Convair die Instrumente aus. Die automatische Peilung funktionierte nicht mehr, dann riß auch noch die Sprechverbindung mit dem nahen Airport ab. Das Flugobjekt folgte der Maschine eine Weile, dann stoppte es und verhielt ungefähr drei Minuten schwebend hinter dem Flugzeug. Danach startete es wieder, holte die Convair ein und folgte ihr neben ihrem linken Flügel über eine Distanz von etwa 80 Kilometern, bis sie die Stadt Matsuyama erreichten. Dort verschwand das UFO genauso plötzlich, wie es aufgetaucht war.
Die Beobachtung der beiden Piloten und ihrer Passagiere wurde von weiteren Augenzeugen bestätigt. Während ihres Anfluges auf Matsuyama wurde das Flugobjekt vom Erdboden aus gesichtet. Auch der Pilot einer Sportmaschine,

der sich gleichfalls im Anflug auf diese Stadt befand, konnte das UFO sehen.[61]

Die offizielle Einschätzung

Gerade bei den japanischen Streitkräften nimmt man die Unbekannten Flugobjekte sehr ernst. Bereits im Jahre 1967 erklärte der damalige Stabschef der Luftwaffe, General Kanshi Ishikawa: »Falls UFOs Flugobjekte sind, die in der Luft schweben, sollten sie mit Radar geortet werden können. Zahlreiche Belege zeigen, daß sie mit Radar geortet wurden. Demzufolge sind UFOs Realität und kommen vielleicht aus dem Weltall.«

Kurze Zeit später fügte Oberst Fujio Hayashi, Kommandeur der Irima-Staffel des Lufttransportgeschwaders, dieses Statement bei: »Die Existenz von UFOs läßt sich nicht leugnen. Wenn wir Piloten die Verfolgung aufnehmen, müssen wir das Objekt eindeutig identifizieren, ob es feindlich ist oder nicht. Es wird zwar behauptet, diese unbekannten Objekte könnten die Geheimwaffe gewisser Mächte darstellen, aber es ist merkwürdig, daß wir ihre Herkunft in zwei Jahrzehnten nicht feststellen konnten.«

Im September 1977 schließlich brachte es General Akira Hirano auf den Punkt: »Wir beobachten häufig unbekannte fliegende Objekte am Himmel. Wir untersuchen sie in aller Stille.«[64]

Das sind ehrliche Worte von militärischen Verantwortungsträgern eines Landes, das schon seit Tausenden von Jahren mit dem Phänomen vertraut ist!

8 UFOs in China: *Vom Feind der Doktrin zum Mittelpunkt des Interesses*

Ich gewinne immer stärker die Überzeugung, daß es Zusammenhänge geben muß zwischen den Besuchen, die die legendären Götter unserer guten alten Erde abstatteten, und dem – nicht totzukriegenden – UFO-Phänomen unserer Tage. Ob es letztendlich »die gleichen Götter, die schon vor Jahrtausenden ihre unergründlichen Wege beschritten«, sind[65], oder ob es sich um Vertreter anderer Zivilisationen handeln mag, bleibt im Augenblick noch Inhalt diverser Spekulationen. Es könnte aber geschehen, daß wir uns wichtige Perspektiven verbauen, würden wir uns allein zu einer einseitigen und separaten Betrachtung dieser beiden Aspekte des Themas »Besuch aus dem Weltraum« durchringen. Vielleicht kann dieses Jahrhunderträtsel ohnehin nur einer Lösung zugeführt werden, wenn wir es in seiner Gesamtheit angehen.

So möchte ich versuchen, die in den vorangegangenen Kapiteln dargestellten Indizien für außerirdische Einwirkungen konsequent fortzuführen – bis zu den entsprechenden Vorfällen unserer Tage. Es könnte sich durchaus herausstellen, daß die moderne UFO-Forschung entscheidende Beweise für die Existenz und die einstige Präsenz der Götter-Astronauten zu erbringen vermag, wie dies genausogut umgekehrt möglich wäre: Weilten die Außerirdischen in der Vergangenheit auf unserem Planeten, können sie es auch in unseren Tagen wieder tun.

Wie in anderen Teilen der Welt, begann auch im zentral-

und ostasiatischen Raum das »moderne« UFO-Zeitalter lange vor der berühmt gewordenen Begegnung vom 24. Juni 1947. An diesem Tag beobachtete der Geschäftsmann und Sportflieger Kenneth Arnold eine Reihe von unidentifizierten Objekten mit völlig ungewöhnlichen Flugeigenschaften über den Bergen der amerikanischen Westküste. Dieser an und für sich wenig bedeutsame Fall – er würde heute in die Kategorie der unspektakulären Sichtungen von Tageslicht-Scheiben eingestuft werden – erfuhr eigentlich nur aus einem Grund soviel Publizität. Ken Arnold prägte damals anläßlich eines Interviews einen Ausdruck, der von da an als Synonym für das ganze Phänomen verwendet wird: »die fliegenden Untertassen«.

Viel früher, am 25. Mai 1893 sichteten die Besatzungsmitglieder des Dampfers »Caroline«, der zwischen Shanghai und Japan im ostchinesischen Meer unterwegs war, eine ganze Formation fliegender Scheiben. Diese bewegten sich langsam in nördlicher Richtung zwischen dem Schiff und den Bergketten der nahen Insel Kyushu hindurch. Während der insgesamt zwei Stunden dauernden Sichtung konnten die Beobachter mit einem Teleskop feststellen, daß die Scheiben rot gefärbt waren und braune Rauchspuren oder Kondensstreifen hinterließen.[61]

Auch das holländische Dampfschiff »Valentijn« hatte in chinesischen Gewässern eine Begegnung mit einem nichtidentifizierten Flugkörper. Dessen Besatzung sah am 12. August 1910 ein waagerecht auf der Wasseroberfläche liegendes glühendes Rad. Es bewegte sich in raschen Drehbewegungen knapp über dem Meeresspiegel, bevor es mit großer Geschwindigkeit verschwand.[3]

Über die Sichtungen, die der russische Asienforscher Nikolai Roerich in den zwanziger Jahren im Altai-Gebirge machte, habe ich bereits im Kapitel über Tibet berichtet. Im

Kriegsjahr 1941 beobachteten Angehörige der kommunistischen Volksbefreiungsarmee ein ähnliches Objekt über der Stadt Tientsin (Tianjin) im Norden von China. Der Flugkörper, von dem sogar eine Fotografie gemacht wurde, war scheibenförmig und trug eine deutliche Erhöhung, eine Art Kuppel, auf seiner Oberseite. Er schwebte in nicht allzugroßer Höhe direkt über einer Hauptstraße von Tianjin und hatte keinerlei Ähnlichkeit mit irgendeinem der in diesen Zeiten gebräuchlichen Flugzeug- oder Ballontypen. Experten, die das Foto einer Prüfung unterzogen, halten die Aufnahme für authentisch.[17,25]

Wer hatte auch zur damaligen Zeit, im von Japanern wie Kommunisten gleichermaßen umkämpften China, ein Interesse am Fälschen von UFO-Aufnahmen?

Die Piloten amerikanischer Bombergeschwader, die auf der Route nach Japan über den Pazifik flogen, berichteten wie ihre Kollegen auf dem europäischen Kriegsschauplatz über die unerklärlichen »Foo-Fighters«. So wurden die meist orange bis rötlich leuchtenden Lichter am Nachthimmel bezeichnet, die die Flugzeuge verfolgten und es dabei auf Geschwindigkeiten brachten, die von den maßlos verblüfften Fliegern auf bis zu 800 Stundenkilometer geschätzt wurden. Die propellergetriebenen Flugzeuge des Zweiten Weltkrieges brachten es in der Regel auf 300 bis 500 Stundenkilometer. Nur die ersten Düsenjäger, die gegen Ende des Krieges noch zum Einsatz kamen, schafften bis zu 700. Mit den waghalsigen Manövern der fliegenden Lichter konnten aber auch sie nicht mithalten. Bei Einsätzen am Tage wurden die »Foo-Fighter« überwiegend als silberne Scheiben oder Kugeln beschrieben.

Hielten die Alliierten sie anfänglich noch für eine Geheimwaffe, die – in diesem Fall – die Japaner auf ihren Kriegsschauplätzen zum Einsatz aufgeboten hatten, mußten sie sich nach deren Kapitulation eines Besseren belehren lassen. Bei der Durchforschung der Akten der Besiegten stellte sich bald heraus, daß auch japanische Piloten von diesen unheimlichen Objekten verfolgt wurden. Diese schrieben sie ihrerseits den Amerikanern zu.[37]

Ideologie kontra Außerirdische

Über UFO-Erscheinungen aus dem Reich der Mitte in den Jahren nach dem Krieg konnten wir lange Zeit so gut wie nichts in Erfahrung bringen. Verglichen mit Japan, das sich ja nach der Kapitulation nach Westen hin orientieren mußte, lief die Entwicklung in China ganz anders. Dort erschien es bis weit in die siebziger Jahre hinein nicht opportun, über jene Phänomene zu berichten, geschweige denn deren Realität überhaupt in Erwägung zu ziehen.

Nachdem das japanische Kaiserreich, das große Gebiete Chinas im Zweiten Weltkrieg besetzt hielt, kapituliert hatte, nutzten die Kommunisten unter Mao Zedong die Gunst der Stunde. Besonders auf dem Land errangen sie die Sympathie großer Teile der Bevölkerung. Im September 1948 traten sie dann zu einer letzten großen, auf breiter Front angelegten Offensive an und eroberten innerhalb eines knappen Jahres das ganze Land vom Norden her. Am 1. Oktober 1949 rief Mao Zedong die Volksrepublik China aus.

Von da an bestimmte die marxistische Ideologie das Leben und das Denken der Chinesen. Die streng materialistische Doktrin erlaubte in dieser Zeit keine Beschäftigung mit grenzwissenschaftlichen Themen. Dazu zählte auch das Phänomen der unbekannten Flugobjekte. Das marxistische

Weltbild ließ weder den Begriff Gottheit zu noch über- oder gar außerirdische Manifestationen: Alles war erklärbar und irdisch. Da die kommunistische Ideologie staatstragend war, kann man sie durchaus vergleichen mit dem mittelalterlichen Unfehlbarkeitsanspruch der Päpste in Rom. Der wurde seinerzeit mit Hilfe der Inquisition unerbittlich durchgesetzt.

Auch nachdem Mao Zedong im September 1976 gestorben war und leichte Ansätze einer Liberalisierung in greifbare Nähe rückten, wurde das Thema noch immer totgeschwiegen. Bestenfalls spielte man es als eine »Erfindung der imperialistischen Kriegstreiber« herunter, die zur Rechtfertigung eines horrenden Verteidigungsetats herhalten mußte. Ähnlich beschwichtigend taktierte man auch in der Sowjetunion. Jahrelang ließ sich diese ausgesprochene Verdummungspolitik hervorragend verkaufen.

Dies änderte sich in China erst am 13. November 1978, als ein mutiger Journalist mit Namen Sheng Heng Yen in Beijings größter Gazette »Renmin Ribao« (Volkszeitung) einen Artikel zum Thema UFOs verfaßte. In den folgenden zwei Jahren erschienen weitere Berichte auch in anderen chinesischen Tagesblättern, die Augenzeugenberichte von Piloten, Wissenschaftlern sowie vergleichbaren qualifizierten Beobachtern aus aller Welt den Lesern zugänglich machten.[64]

Damit war eine Riesenlawine losgetreten. In ganz China setzte ein enormes Interesse an dem bislang von den Behörden unterdrückten Thema ein. Viele hundert Leser der Zeitschrift für Weltraumforschung setzten sich in Leserbriefen vehement für eine vorurteilsfreie Untersuchung des Phänomens durch die Regierung ein. Diese reagierte schnell: Sie beauftragte die Universität von Wuhan mit der Bildung einer UFO-Studiengruppe.

China im UFO-Fieber

Wie groß der Nachholbedarf zu der Thematik ist, läßt sich vielleicht daran ermessen, daß die besagte Studiengruppe von der Erstausgabe ihrer Publikation »Zeitschrift für UFO-Forschung« innerhalb weniger Tage 300000 Exemplare verkaufen konnte. Von diesem Moment an zögerten viele Einwohner - Zivilisten wie Angehörige der Armee - nicht mehr, in Leserbriefen an Zeitungen und Zeitschriften ihre eigenen Erlebnisse zum Besten zu geben.

Sehr wertvolle Arbeit bei der Sichtung und Auswertung chinesischer UFO-Berichte leistete der in den USA lebende Paul Dong. Selbst Mitglied bei der Organisation APRO (Aerial Phenomena Research Organization), bereiste er im Jahre 1981 die Volksrepublik und hielt dort eine Reihe von Vorträgen an den bedeutendsten Universitäten und Hochschulen des Landes. Dabei konnte er Hunderte von Sichtungsberichten sammeln, die ihm bei den anschließenden Diskussionen zugetragen wurden. Er faßte viele davon in seinem 1983 erschienenen Buch zusammen, das seither als beste Quelle für UFO-Erscheinungen in China gilt.[66]

Am 1. Januar 1964 beobachteten viele Einwohner Shanghais ein riesiges, in südwestlicher Richtung fliegendes zigarrenförmiges Objekt. Durch zahllose Anrufe alarmiert, gab der zuständige Kommandant der nächstgelegenen Luftwaffenbasis Befehl, das vermeintlich feindliche Flugzeug zu verfolgen.

Sofort stiegen einige MIG-Jäger auf und nahmen Kurs auf den Flugkörper, um ihn zu stellen und - wenn möglich - zur Landung zu zwingen. Trotz verbissener Verfolgungsjagd gelang dies nicht, das UFO entwischte. So begnügten sich die offiziellen Stellen damit, ein paar grimmige Verlautbarungen über die »Verletzung des chinesischen Luft-

raumes durch Flugzeuge der USA« herauszugeben und die ganze Sache möglichst schnell ad acta zu legen.[64,67]
Waren es hier die Amerikaner, denen das UFO in die Schuhe geschoben wurde, mußten im folgenden Fall die Russen herhalten. Zur Erläuterung sollte ich vorab vielleicht noch kurz die politische Situation dieser Zeit umreißen. Ende der fünfziger Jahre führten ideologische, politische und vor allem territoriale Meinungsverschiedenheiten zum Bruch mit dem Nachbarn im Norden. Im Jahre 1960 kündigte die Sowjetunion sämtliche technischen und finanziellen Hilfsprojekte auf, 1965 verwies sie die chinesischen Studenten des Landes. Wiederholte Streitigkeiten um Gebietsansprüche führten 1969 schließlich zu blutigen militärischen Auseinandersetzungen am Grenzfluß Ussuri im Nordosten und in der Provinz Xinjiang (Sinkiang) im Nordwesten der Volksrepublik.
Wen wundert es, daß UFO-Beobachtungen sofort politisch umgemünzt und als Übergriffe des »Aggressors aus dem Norden« betrachtet wurden!

Landung in der Wüste

Mitte April 1968 wurde der Soldat Gu Ying zu einem Pionierregiment versetzt, das im nördlichen Teil der Wüste Gobi an einem Bewässerungsprojekt arbeitete. Der Abend dämmerte schon, als seine Aufmerksamkeit auf ein leuchtendes Objekt am Himmel gelenkt wurde.
Gu Ying und mehrere seiner Kameraden sahen eine »große Scheibe mit wehenden Flammen«, die sich langsam auf die Wüste herabsenkte. Sie besaß eine leuchtend orangerote Farbe. Die Soldaten schätzten ihren Durchmesser auf etwa

drei Meter, als sie in einer Distanz von weniger als einem Kilometer an ihnen vorbeiglitt. Sie flog dabei mit einer leichten Neigung längs über den Horizont. Die Augenzeugen glaubten, in dem Flugobjekt einen separaten, stärker leuchtenden oder blitzenden Lichtpunkt ausmachen zu können.

Plötzlich setzte die Scheibe zur Landung an. Der Kompaniechef alarmierte sofort das nahe Hauptquartier des Regiments, von wo aus gleich mehrere Kradmelder starteten, um sich dem UFO zu nähern. Das Herannahen der Motorradtruppe dürfte mit einiger Sicherheit in dem Gerät bemerkt worden sein, denn bevor die Soldaten es erreichten, stieg es pfeilschnell auf und entschwand sehr rasch den Blicken. Da die Grenze zur Sowjetunion in unmittelbarer Nähe war, glaubten die meisten der Zeugen, daß es sich um eine neuartige Aufklärungsmaschine der Russen gehandelt habe, die hier zu Spionagezwecken ausprobiert werden sollte. Die Existenz von UFOs war damals ohnehin kaum einem Chinesen ein Begriff.

Das Objekt hinterließ bei seiner kurzen Landung Spuren auf dem Boden, die den Umriß eines versengten Kreuzes bildeten. Da die Herkunft des Flugkörpers für die Beobachter und ihre Vorgesetzten ohnehin klar schien, wurden keinerlei Untersuchungen angestellt und keine Bodenproben genommen. Alle Beteiligten dachten in jener Zeit ausschließlich in politischen Kategorien. Sie hielten die UFO-Landung für die Vorbereitung einer kurz bevorstehenden Invasion aus der Sowjetunion. Dabei waren den in der Wüste Gobi stationierten Truppen diese leuchtenden Objekte durchaus schon fast vertraut, sie hatten sie bereits öfter zu Gesicht bekommen. Allerdings war ihnen die Landung eines dieser Flugkörper neu.[66]

Nur wenige Monate zuvor hatte ein nicht identifiziertes

Flugobjekt beinahe einen Unfall bei der Flotte verursacht. Anfang des Jahres 1968 sichteten vier Marineartilleristen, die bei der Küstenwache der Marinegarnison von Luda in der unmittelbar an Nordkorea angrenzenden Provinz Liaoning Dienst taten, ein golden leuchtendes, ovales Objekt. Es flog gerade über den Horizont und hinterließ eine dünne Spur am Himmel, einem Kondensstreifen ähnlich.

Unerwartet stieg es mit einer schier unglaublichen Geschwindigkeit steil auf. Im selben Moment fielen bei der Marinebasis sämtliche elektrischen Systeme und auch das Radar aus. Dies führte bei den vor der Küste kreuzenden Schiffen um Haaresbreite zu einem Unglück. Der Flottenkommandeur ordnete Kampfbereitschaft an und entsandte mehrere Patrouillen. Eine davon sah das UFO an der Küste landen, worauf die Soldaten sofort mit automatischen Waffen das Feuer eröffneten. Als sich daraufhin weitere Mannschaften dem Objekt nähern wollten, war es spurlos verschwunden.[64]

Es fällt in diesem Zusammenhang auf, daß nicht wenige Berichte von Militärangehörigen stammen, einer Personengruppe, die eigentlich aufgrund ihrer exponierten Stellung zu äußerstem Stillschweigen verpflichtet ist. Eigenartigerweise ist hier aber eine relativ liberale Informationspolitik zu beobachten. Sie steht in krassem Gegensatz zu all den Vertuschungskampagnen, wie sie die anderen Großmächte in den vergangenen Jahrzehnten betrieben haben. Und dies teilweise mit massiver Unterstützung ihrer Geheimdienste und Nachrichtenorganisationen. Ganz anders in China. Nach all den Jahren restriktiver Handhabung zu Mao Zedongs Zeiten scheint hier tatsächlich so etwas wie ein frischer Wind zu wehen!

Weniger bekannt dürfte sein, daß insgeheim bereits zu Anfang der siebziger Jahre eine spezielle Studiengruppe zur

Erforschung der UFOs gebildet wurde, die dem Armeeministerium unterstellt war. Der Grund dazu war naheliegend: Besonders in den an die Sowjetunion und die Mongolei grenzenden, nordwestlichen Provinzen Xinjiang und Gansu begannen sich zu dieser Zeit die Beobachtungen zu häufen.[64] Man ahnte wohl bereits - oder wußte man schon Konkreteres? -, daß hier etwas Ominöses im Gange war, das man der Bevölkerung auf Dauer nicht mit den militärischen Aktivitäten des Nachbarn im Norden erklären konnte.

Doch die seltsamen Flugkörper wurden im ganzen Land gesehen. Der Soldat Chen Chu berichtete von einer Beobachtung an einem nicht näher bezeichneten Tag gegen Ende September 1971. Seine Militäreinheit war in der Stadt Dingxian, in der Provinz Hubei stationiert. Chen Chus Truppe führte gerade einen Auftrag in einem kleinen Tal nördlich der Stadt aus, als abends gegen 19.30 Uhr ein rundes ballähnliches Objekt im Norden über den Quartieren der Soldaten aufstieg. Die Kugel schien um sich herum eine Menge dunstigen Gases zu verströmen. Sie blieb einige Sekunden am Himmel sichtbar, dann stieß sie einen starken Rückstrahl aus und erhob sich. Nachdem sie einen Moment lang an derselben Stelle geschwebt war, stieg sie weiter auf. Für ein paar Augenblicke stoppte das Objekt wieder, und nachdem es kurz an Höhe verloren hatte, verschwand es endgültig aus dem Blickfeld der Zeugen.

Zwischenzeitlich wurde dem diensthabenden Kommandeur Meldung gemacht. Dieser schickte sofort eine Streife hinterher, die das Flugobjekt am Boden verfolgen sollte. Diese Patrouille folgte ihm über eine Strecke von sechs Kilometern, mußte dann aber umkehren, da der Wagen auf der sehr schlechten Bergstraße nicht mehr weiterkam.[64,67]

Eine besonders gut dokumentierte Sichtung, bei der gleich einige hundert Soldaten Augenzeugen wurden, ereignete sich am 23. Oktober 1978 über dem Luftwaffenstützpunkt Lintiao, Provinz Gansu. Die Piloten der hier stationierten Jagdstaffel und einige hundert weitere Soldaten verfolgten gerade einen Kinofilm, der – wie in China auf dem Land noch heute üblich – im Freien vorgeführt wurde. Kurz nach 20 Uhr, der Film hatte gerade angefangen, ging eine seltsame Unruhe durch die Reihen der Zuschauer. Fast gleichzeitig blickten alle zum wolkenlosen Himmel auf.

Dort bewegte sich ein großes Objekt in Ost-West-Richtung. Es tauchte erst in einem Winkel von etwa 60 Grad über dem Horizont auf und flog darauf über die Köpfe der Versammelten hinweg. Dann wurde die Sicht auf den Flugkörper durch eine Reihe von Gebäuden versperrt, die in circa 60 Meter Entfernung von dem Freiluftkino standen.

Die seltsame Erscheinung wurde übereinstimmend als großer, länglicher Körper beschrieben, dessen Konturen aber nur recht undeutlich zu erkennen waren. Das Objekt hatte zwei Lichter wie Suchscheinwerfer an seinem vorderen Ende, vom rückwärtigen Teil ging eine leuchtende Spur aus. Die Lichter im Frontbereich wie auch am Heck veränderten mehrmals Länge und Helligkeit und beleuchteten eine Art Nebelwolke, die den Flugkörper einhüllte. Das UFO bewegte sich relativ langsam in geringer Flughöhe geradeaus. Mit seiner Größe nahm es ungefähr 20 bis 30 Grad des Gesichtsfeldes ein und blieb für zwei bis drei Minuten sichtbar, bevor es schließlich am Abendhimmel verschwand.[64]

Was diesem Sichtungsbericht ein besonderes Gewicht verleiht, ist neben der großen Anzahl der Augenzeugen auch noch deren hohe Qualifikation. Speziell die hier versammelten Piloten, die als Jagdflieger ausgebildet waren, versicherten nachdrücklich, daß das beobachtete Objekt keinerlei Ähnlichkeit mit einem bekannten Flugzeug gehabt habe.

Auch wiesen sie vehement die üblichen Erklärungsversuche wie Meteoriten, Vogel- und Heuschreckenschwärme von sich. Sie konnten mit großer Sicherheit ausschließen, einer optischen Täuschung aufgesessen zu sein, und beriefen sich dabei auf ihre nicht unerhebliche Flugerfahrung. Diese hätte es ihnen jederzeit ermöglicht, das Objekt zu identifizieren, wäre es von konventioneller Bauart gewesen.
Die Argumentation ist nicht von der Hand zu weisen. Jagdflieger werden konsequent darauf gedrillt, in Bruchteilen von Sekunden – die im Ernstfall über Leben oder Tod entscheiden – sich nähernde Flugzeugtypen zuverlässig und zweifelsfrei zu erkennen, ihre Herkunft zu identifizieren. Blitzschnell müssen sie entscheiden, welche Maßnahmen zu treffen sind. Alles muß sich exakt und in kürzester Zeit abspielen. Was den oben geschilderten Fall angeht, hatten die Piloten sogar viel Zeit für ihre Beobachtungen zur Verfügung. Eingefleischte Skeptiker des UFO-Phänomens werden angesichts so zahlreicher gutgeschulter Zeugen Schwierigkeiten haben, diese Sichtung mit einer halbwegs plausiblen, natürlichen Erklärung aus der Welt zu schaffen.

Tragischer Ausgang einer Massensichtung

Ein anderer Vorfall mit ähnlichen Begleitumständen, leider mit tragischem Ausgang für einige der Beteiligten, ereignete sich am Abend des 7. Juli 1977 gegen 20.30 Uhr im Bezirk Zhangpo in der südchinesischen Provinz Fujian. Es ist mit Abstand der spektakulärste Fall einer Massensichtung, von dem in China je berichtet wurde.
An diesem Abend nahmen rund 3000 Menschen an einer Freilichtaufführung des rumänischen Filmes »Alarm im

Donaudelta« teil. Unvermittelt stießen zwei orange leuchtende, oben und unten abgeplattete Flugkörper auf die versammelte Menge herab. Die UFOs kamen so tief herunter, daß sie beinahe Bodenberührung hatten. Sie strahlten einen leuchtenden Glanz aus und flogen dicht nebeneinander. Die zu Tode erschreckten Augenzeugen spürten starke Hitze, und ein tiefer summender Ton war zu vernehmen.
Unter den Zuschauern breitete sich Panik aus. Manche warfen sich zu Boden, weitaus mehr Personen suchten ihr Heil in der Flucht. Dabei wurden zwei Kinder zu Tode getrampelt, über 200 Menschen zum Teil schwer verletzt. Während diese Massenflucht in vollem Gange war, stiegen die unbekannten Flugobjekte wieder auf und verschwanden binnen weniger Sekunden am Nachthimmel.
Ein Arzt des Bezirkskrankenhauses, in dem viele der Verletzten medizinisch versorgt wurden sowie zwei Beamte des örtlichen Büros für öffentliche Sicherheit waren bereit, den sensationellen Vorfall zu bestätigen. Die Behörden glaubten anfangs dagegen an eine optische Täuschung aufgrund von Lichteffekten oder fehlerhaftem Filmmaterial. Eine genaue Untersuchung des vorgeführten Filmstreifens erbrachte jedoch keinerlei Anhaltspunkte, die eine derartige Annahme rechtfertigen konnten. So mußte man die Angelegenheit, die bedauerlicherweise solch tragische Folgen nach sich zog, als ungeklärt zu den Akten nehmen.[66]
Um einiges glimpflicher ausgegangen ist hingegen die folgende »Begegnung der ersten Art«. Sie deckt sich mit vielen Vorfällen des gleichen Musters, in die Militärflugzeuge westlicher Nationen wie auch der Sowjetunion verwickelt waren. Auch in diesem Fall wird von störenden Einflüssen auf die elektronischen Einrichtungen von Flugzeugen berichtet – was einmal mehr deutlich aufzeigt, wie global doch das ganze UFO-Phänomen ist!

Kampfjets jagen UFO

In der Jahresmitte 1982 kam es im nördlichen Teil der Volksrepublik zu einem sprunghaften Anstieg der Zwischenfälle mit unidentifizierten Flugobjekten. Aus der nördlichsten Grenzprovinz zur ehemaligen Sowjetunion, Heilongjiang, gingen am Abend des 18. Juni zwischen 21.10 Uhr und 22.53 Uhr zahlreiche Berichte über Beobachtungen ein. Fünf Piloten der Luftwaffe, die mit ihren Jets auf einem regulären Patrouillenflug über dem Bereich der Grenze waren, sahen sich unvermittelt mit einer ungewöhnlichen Erscheinung konfrontiert.

Um 21.57 Uhr versagte plötzlich die Elektronik in den hochmodernen Kampfflugzeugen. Die Navigationssysteme fielen aus, ebenso der Sprechfunk untereinander und zur Bodenstation. Die Piloten hatten Sichtkontakt mit einem riesigen Flugobjekt von milchig-gelbgrüner Färbung, das optisch etwa die Ausdehnung des Vollmondes am Nachthimmel hatte. Der Flugkörper schien immer größer zu werden, beschleunigte und wirkte in diesem Moment »so groß wie ein Berg aus Nebel«. Man konnte im Zentrum der Erscheinung so etwas wie schwarze Bereiche erkennen. In seinem Bericht über den Fall äußerte sich einer der Flieger wie folgt:

»Als ich das Objekt zum ersten Mal sah, flog es mit hoher Geschwindigkeit auf mich zu und drehte sich dabei schnell. Bei seiner Rotation erzeugte es Lichtringe. Im Zentrum des Lichtringes war Feuer. Nach zehn Sekunden explodierte das Zentrum des Ringes, danach dehnte sich der Kern des Objektes rasch aus.«

Wegen des Ausfalls ihrer Instrumentensysteme waren die Piloten gezwungen, auf Sichtflug zu ihrer Basis zurückzukehren. Alle fünf verfaßten ausführliche Berichte über das

21a

21b

21a, b Zwei Dogu-Skulpturen aus der späteren Jomonzeit (ca. 600 v. Chr.). Waren Wesen aus dem Weltraum mit ihren klobigen Monturen die Vorbilder für diese Darstellungen?

22a, b Japanische Dogu-Statuette: Sehr gut zu erkennen sind die Details an dem brillenartigen Helmvisier dieser Figur aus der Jomon-Periode (etwa 7500–300 v. Chr.).

22b

22a

23

24

25

26

27

23–27 In der Nähe der Kaiserstadt Nara südlich von Kyoto findet man Zyklopenmauern mit technisch meisterhaften Steinbearbeitungen wie in Peru und Bolivien.

28

28 Was geschah mit der kleinen Yvonne? Völlig panisch reagierte das Mädchen, nachdem ihr die Zeichnung eines jener »kleinen Grauen« untergeschoben wurde.

29

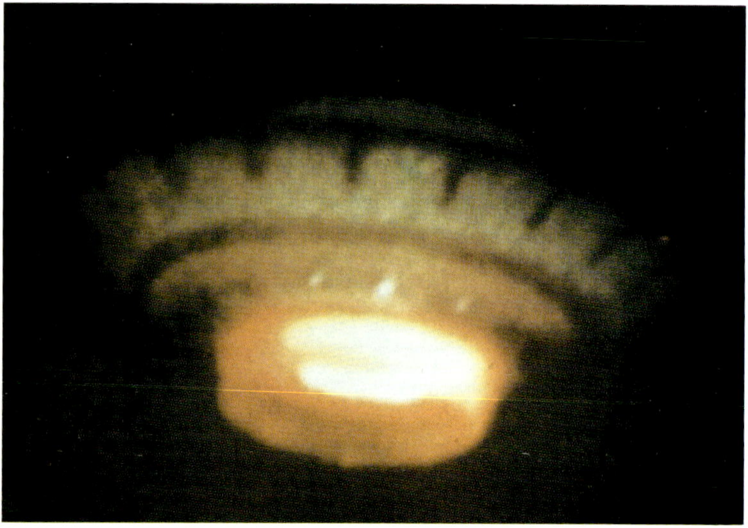

30

29, 30 Gulf Breeze, Florida. Zwei der zahlreichen, von Ed Walters aufgenommenen Fotos der Sichtungsserie. Oben ein Bild des unbekannten Flugobjekts, unten der mysteriöse blaue Strahl, der Walters schon bei seiner ersten Begegnung in die Höhe zu ziehen versuchte.

Geschehene, die zusammen mit ebenfalls angefertigten Skizzen in der bereits erwähnten Erstausgabe der »Zeitschrift für UFO-Forschung« publiziert wurden.[64]

Offene Archive

An anderer Stelle habe ich darauf hingewiesen, mit welcher ungewohnten Offenheit - sei es im Vergleich zu den Zeiten Maos oder auch mit in unseren westlichen Demokratien geübter Praxis - von offiziellen Stellen in China an die ganze Thematik herangegangen wird. Hier kann man nur beeindruckt sein über die Bereitschaft hoher Militär- und Regierungskreise, die Bevölkerung des Landes über das Phänomen zu unterrichten. In großzügiger Weise gewähren sie privaten wie offiziellen Forschern ihres Landes Zutritt zu Archiven, in denen Berichte über die Himmelsphänomene in Wort und Bild festgehalten sind.

In den Vereinigten Staaten wurde jahrzehntelang geheimes UFO-Material von den Behörden zurückgehalten. Erst durch den »Freedom of Information Act« (Gesetz zur Informationsfreiheit) konnten interessierte Gruppen in den siebziger und achtziger Jahren die Freigabe eines Teils der Berichte erstreiten, die nicht als primär relevant für die nationale Sicherheit eingestuft wurden. Was jedoch als »staatsgefährdend« erachtet wurde, blieb auch weiterhin top secret und schlummert für unbestimmte Zeit in den Archiven der NSA (National Security Agency) und des CIA (Central Intelligence Agency).

Ein weiteres Beispiel für die Freizügigkeit der chinesischen Regierung in Sachen UFOs ist die landesweite Ausstrahlung einer amerikanischen Dokumentation, die unter dem

Titel »UFOs are real« in den Staaten lief, im nationalen Fernsehen der Volksrepublik.[3]
Ein 1985 in der englischsprachigen Zeitung »China Daily« abgedruckter Artikel ist zudem gut geeignet, die Einstellung der Machthabenden in Peking aufzuzeigen. Er gilt gut informierten Quellen zufolge sogar als »offizielle Darstellung und ... Standpunkt der Regierung«.[64]
Diese Publikation mit dem Titel »UFO-Konferenz in Darlian« berichtete über die Zusammenkunft mehrerer Dutzend chinesischer Wissenschaftler im August 1985. Zum ersten Mal tauschte man Erkenntnisse der UFO-Forschung untereinander aus. Es wurden etwa 40 Forschungsarbeiten vorgestellt, von denen 17 zur Veröffentlichung in einer vielbeachteten Dokumentation zur Auswahl kamen. Der Autor des Berichtes stellte fest, daß in China das Interesse an dem Thema gewaltig sei, und erwähnte die chinesische Gesellschaft für UFO-Forschung, die zu dem Zeitpunkt bereits 200 000 Mitglieder zählte. Der Vorsitzende dieser Vereinigung, Professor Liang Reng-Lin von der Jinan-Universität in Guangzhou (Kanton), gab an, daß in den Jahren 1981 bis 1985 in China schon über 600 UFO-Berichte bekannt geworden seien. Offensichtlich scheut man sich im Reich der Mitte – ganz im Gegensatz zu unseren westlichen Ländern – nicht, das Problem auch an den Universitäten hoffähig zu machen.

Parallelen mit mythischen Begebenheiten

Aus dem mittlerweile reichhaltigen Fundus chinesischer Sichtungsberichte möchte ich dem Leser den folgenden keineswegs vorenthalten. Er zeigt eine erstaunliche Ähnlich-

keit mit einer Beobachtung aus uralter Zeit, die Eingang in die Mythologie fand.
Am Morgen des 25. April 1981 sah Du Sheng-Yuan über der Hauptstadt Beijing einen sonderbaren Flugkörper am Himmel kreisen. Er versuchte sofort, beim Fernsehen und bei der Zeitung anzurufen, konnte aber - es war gegen 7 Uhr früh - noch niemand erreichen. So ging er wieder nach draußen, um seine Beobachtung mit Hilfe eines Fernglases fortzusetzen. Zwischenzeitlich befand sich die Erscheinung ziemlich genau über seinem Standort und hielt eine Flughöhe, die er auf gut 2000 Meter schätzte.
Durch das Glas konnte er die Form gut erkennen. Das UFO war elliptisch und langgezogen. Der mittlere Bereich war weißlich, und der Boden schien leuchtend grün. Der ganze Flugkörper wies einen seltsamen Glanz auf. Er flog unbeständig, das eine Mal sehr schnell, dann wieder ganz langsam. Schließlich stoppte er gänzlich, um unmittelbar darauf wieder abrupt zu beschleunigen. Du Sheng-Yuan gelang es unterdessen, mehr als 20 Bewohner der umliegenden Wohnungen zusammenzutrommeln. Gemeinsam beobachteten sie das UFO, bis es gegen 7.25 Uhr außer Sichtweite kam.[64]
Bei dieser Beschreibung fielen mir sofort einige Parallelen zu einer Begebenheit auf, die sich um den legendären Urkaiser Shi Huang-Di rankt. So soll sich im 20. Jahr seiner Regentschaft ein ungewöhnliches Phänomen gezeigt haben. Am Himmel tauchten glänzende, bunte Wolken auf, und in der Nähe soll sich eine rotglühende Luftzone mit einer ebensolchen grünen abgewechselt haben. Der rotglühende Teil hatte zwei Sterne in der Mitte, der grün glänzende hingegen nur einen. Man nannte diese Erscheinung »die glänzenden Sterne«, und sie sollen am klaren Morgenhimmel wunderbar geleuchtet haben.[3]

Ist alles nur purer Zufall, oder stehen wir hier wie dort vor demselben Phänomen?
Vielleicht hat sich der eine oder andere Leser anläßlich dieser Sammlung chinesischer UFO-Fälle schon gefragt, ob den Bewohnern des fernöstlichen Reiches nahe Begegnungen mit vermutlichen Insassen gelandeter Flugkörper bislang erspart geblieben sind. Das ist nicht der Fall. Auch dort wurde schon von jenen »unheimlichen Begegnungen der dritten Art« berichtet, an denen sich bei uns zumeist die Geister scheiden. Für den einen gelten sie als logische Konsequenz zu den normalen Sichtungsfällen, andere können und wollen sich nicht näher damit auseinandersetzen, weil ihnen die Berichte zu phantastisch, die Schlußfolgerungen zu ungeheuerlich sind. In verstärktem Maße gilt dies für Entführungsfälle, von denen im folgenden Kapitel noch ausführlicher die Rede sein wird.

Unheimliche Begegnung auf der Landstraße

Gegen 4 Uhr früh am frühen Morgen des 13. Dezember 1979 wurden zwei Lastwagenfahrer bei Longwangmiao auf der Lanxi-Xin'angiang-Nationalstraße (Provinz Zhejiang) in ein phantastisches Erlebnis verwickelt. Der Fahrer Wang Ding-Yuan steuerte den vorneweg fahrenden LKW, als er einen mächtigen, vertikal vom Himmel stoßenden Lichtstrahl sah. Im selben Moment bemerkte er zwei »ungewöhnliche menschliche Wesen«, die auf der Straße standen. Als beide Männer ihre Laster abrupt anhielten, verschwand die Erscheinung.
Beide Männer sprachen über den erstaunlichen Vorfall, obwohl dem zweiten Fahrer, Wang Jian-Ming, die Sicht auf

Unheimliche Begegnung auf der Landstraße. Aus China werden zunehmend Unheimliche Begegnungen der Dritten Art gemeldet.

das Phänomen verdeckt gewesen war. Aus diesem Grund beschlossen sie, die Reihenfolge der Wagen zu vertauschen, also Wang Jian-Ming vorausfahren zu lassen. Nach etwa fünf bis sechs Kilometern Fahrtstrecke gewahrte dieser in einer Entfernung von 200 Metern einen Lichtstrahl und Gestalten, die neben der Landstraße standen. Sie hatten eine Größe von etwa 1,50 Meter, trugen eine Art Overall und hatten Helme auf ihren Köpfen. Ein Gegenstand, der über ihre Schultern hing, erinnerte von der Form her ein wenig an eine Thermosflasche. Weiterhin bemerkten die Zeugen bei jeder der Gestalten eine Art Keule in der linken Hand und ein rotes Licht, das an ihrer Helmspitze angebracht war.

Abermals stoppten die beiden Fahrer, nun wollten sie der Sache endlich auf den Grund gehen. Als Wang Jian-Ming aus dem Werkzeugkasten seines Lastwagens ein Brecheisen nahm und damit auf die kleinen Gestalten zustürmen wollte, verschwanden diese, und mit ihnen auch der senkrechte Lichtstrahl.[64]

Die »Herzlichkeit« dieser Begrüßung steht der, wie sie auch bei etlichen bekannten Fällen aus der westlichen Welt an den Tag gelegt worden ist, in nichts nach. Falls es sich bei diesen Wesen wirklich um Abkömmlinge jener »Götter« handeln sollte, die den Völkern dieses Planeten vor Zeiten ihre Besuche abgestattet haben, dann läßt unsere Höflichkeit stark zu wünschen übrig.

Und wer steckt hinter den in den letzten Jahren so verstärkt auftretenden Entführungsfällen?

9 Unheimliche Begegnungen der vierten Art: *Wer experimentiert an den Entführten herum?*

Der 1986 verstorbene »UFO-Papst« J. Allen Hynek, zuletzt Leiter des »Center for UFO-Studies (CUFOS) in Evanston/Illinois, ersann für die Konfrontation mit dem Unerklärlichen eine Einteilung, die seither von der Mehrheit der mit diesem Phänomen befaßten Forscher benutzt wird. Er unterschied sie in »Nahe Begegnungen der ersten, zweiten und dritten Art«.

Letztere Bezeichnung lieferte sogar den Titel zu einem spannenden Science-fiction-Film über das Thema. Die einzelnen Kategorien werden wie folgt definiert.

- Nahe Begegnungen der ersten Art: Ein offenbar unter intelligenter Kontrolle stehendes UFO wird gesichtet, doch hinterläßt es weder Spuren, noch sind Insassen darin auszumachen. Unter einer nahen Beobachtung wird hier eine Entfernung bis zu 150 Metern verstanden, die allerdings im Einzelfall auch variieren kann. Schon bei Begegnungen dieser Kategorie lassen sich wesentliche Einzelheiten der gesichteten Objekte gut erkennen.
- Nahe Begegnungen der zweiten Art: Ein unbekanntes Flugobjekt hinterläßt – meist bei einer Landung oder einer unmittelbaren Sichtung – deutliche Spuren. Dies können entweder Brand- oder Strahlungsspuren am Boden und an Pflanzen sein oder mechanische Einwirkungen am Landeplatz. Oftmals wird auch ein Ausfall elektrischer Anlagen festgestellt. Bei Augenzeugen kann es zu Übelkeit, Lähmungserscheinungen, Fieber, Brandwunden und psychischen

Störungen kommen. Gesundheitliche Beeinträchtigungen sind dann von längerer Dauer. Bei diesen Begegnungen der zweiten Art können die festgestellten Auswirkungen einer wissenschaftlichen Analyse unterzogen werden.

– Nahe Begegnungen der dritten Art: Innerhalb oder in unmittelbarer Nähe eines UFOs werden – überwiegend humanoide – Gestalten beobachtet. Meist findet auch eine Kontaktaufnahme mit diesen Wesen statt.[68,69,70]

In den vergangenen Jahren mußte diese Nomenklatur um eine zusätzliche Variante erweitert werden. Sie wird konsequenterweise als »unheimliche Begegnung der vierten Art« (CE-4-Erfahrung) bezeichnet.

Tatsache ist, daß eine ständig wachsende Anzahl ernstzunehmender Personen behauptet, von den Insassen eines UFOs in deren Fahrzeug verschleppt worden zu sein. Dort wurden in der Mehrzahl der Fälle Versuche, regelrechte medizinische Experimente an den Betroffenen durchgeführt. Frauen berichteten von anomalen Schwangerschaften, die nach einigen Wochen oder Monaten im Verlauf einer weiteren Entführung beendet wurden. Auch wurden in die Körper mancher Personen Implantate eingesetzt und wieder entfernt, in mindestens einem Fall existiert sogar eine Röntgenaufnahme davon.[71]

In den meisten Fällen kamen detaillierte Erinnerungen an die Entführungen erst durch die Anwendung regressiver (rückführender) Hypnosetechniken in das Bewußtsein der Opfer zurück.

Jene unfaßbaren Vorkommnisse, die offensichtlich einen Großangriff auf unser Realitätsempfinden gestartet haben, wurden in der Englisch sprechenden Welt unter der Bezeichnung »Abductions« (Entführungen) bekannt. Wie keine andere Erscheinungsform des UFO-Phänomens stellen sie uns vor die knallharte Entscheidung, das Ganze entweder

als Wahrheit zu akzeptieren, oder von vorneherein als Humbug abzutun.
Aber so einfach ist es nicht. Mit Sicherheit sind eine Reihe von Schwindelmanövern unter diesen Berichten, und es finden sich auch Epigonen, also Nachahmer. Genauso gibt es auch sehr gut dokumentierte Fälle, die kaum mehr Zweifel an ihrer Realität übriglassen, wie wir noch sehen werden.

Die »kleinen Grauen«

Als Urheber dieser Entführungen fungieren in den meisten der geschilderten Fälle kleine, zwischen 1 und 1,50 Meter messende Geschöpfe. Sie wirken menschenähnlich und gleichzeitig auch ein wenig embryonenhaft. Aufgrund der Beschaffenheit ihrer Haut (oder der Färbung ihrer Bekleidung) bezeichnet man sie als »kleine Graue«, wobei man sie durch diese Charakterisierung von anderen Typen humanoider Wesen zu unterscheiden versucht.
Auffallend an ihnen ist vor allem der im Verhältnis zu ihrem Körper riesige, kahle Kopf. Er besitzt große und schräggestellte Augen, einen schmalen, schlitzförmigen Mund ohne Lippen, sowie eine angedeutete Nase, die meist nur aus zwei Löchern besteht. Außenliegende Ohren und Kopf- und Körperbehaarung sollen diese Wesen nicht besitzen. Ihre großen, weit auseinanderliegenden Augen verleihen ihnen orientalisch-mongolid wirkende Gesichtszüge.[40,56,57,71,72]
Oft beginnen derartige Begebenheiten damit, daß die unmittelbare Umgebung der Zeugen in ein ungewöhnliches Licht getaucht wird, wie im folgenden Fall aus Japan. Und nicht immer kommt es zu einer vollendeten Entführung. Vielen dieser Fälle scheint eine Art »mentaler Kommunika-

tion«, also Gedankenübertragung gemeinsam zu sein, derer sich die unheimlichen Entitäten bedienen.
Am späten Nachmittag des 3. Oktober 1978 fuhr Hideicho Amano mit seinem Wagen eine Bergstraße nahe seinem Heim in Sayama hinauf. Als passionierter CB-Funker wollte er den guten Empfang auf der Bergspitze ausnutzen. Auf dem Rücksitz des Wagens befand sich Juri, seine zweijährige Tochter.
Oben angekommen, bemerkte er zu seiner Überraschung, daß das Fahrzeug trotz der bereits begonnenen Dämmerung in ein grelles Licht getaucht war. Gleichzeitig erstarben der Motor und die elektrische Anlage. Amano blickte um sich, konnte die Quelle der Helligkeit aber nicht ausmachen. Das Licht richtete sich nun auf seine Tochter. Auf die Magengegend des kleinen Mädchens zielte ein orangefarbener, stark gebündelter Strahl. Ehe er noch reagieren konnte, fühlte er, wie ein metallischer Gegenstand sich fest gegen seine Stirne preßte. Als er aufsah, versetzte ihm ein unheimliches kleines Wesen ohne erkennbare Nase den größten Schreck seines Lebens.
Während er völlig unfähig war, sich zu bewegen, machte das Geschöpf einen Versuch, mit Amano zu kommunizieren. In seinem Bewußtsein tauchten fremdartige Bilder auf, und er glaubte, hohe und schreiende Laute zu hören. Auch andere Entführte berichten übereinstimmend von Bildern und Eindrücken, die ihnen offenbar auf telepathische Weise vermittelt wurden. Er konnte sich nicht genau daran erinnern, wie lange er, vor Entsetzen gelähmt, der schreckenerregenden Kreatur gegenübersaß. Nach dieser Zeit verschwand der kleinwüchsige Alptraum, und die Elektrik des Autos begann wieder zu funktionieren.
Wie von Furien gehetzt, jagte Amano die einsame Bergstraße talwärts. Er wagte nicht einmal in den Fond des Wa-

gens zu schauen, wo sich seine kleine Tochter befand. Erst als er unten angekommen war, wandte er sich dem Kind zu. Das Mädchen schien unversehrt und klagte nur über starken Durst.
Der Zeuge ging an diesem Abend mit heftigen Kopfschmerzen zu Bett. Er sagte später aus, das unbekannte Wesen hätte in seinem Gehirn eine Botschaft hinterlassen. Sie kündigte die Wiederkehr des Geschöpfes an.[67]
Eine Reihe von nahen Begegnungen, die sich über sechs Monate hinzog, erlebte 1987/88 das verträumte Städtchen Gulf Breeze in Florida. Hauptbeteiligter dieser Sichtungswelle, die, wie sich später herausstellen sollte, auch geglückte Entführungen beinhaltete, war der Geschäftsmann Ed Walters. Ihm gelang es, eine Anzahl von Fotos von dem Flugobjekt zu machen. Gemeinsam mit seiner Frau Frances verfaßte Walters ein Buch, in dem er nahezu minutiös die Vorgänge dieses halben Jahres schildert.

Ed Walters' Erlebnisse

Es begann am 11. November 1987, als Walters nachmittags gegen 17.00 Uhr ganz zufällig durch das Fenster seines Arbeitszimmers blickte. Dabei sah er ein ungewöhnliches Licht am bereits dunklen Himmel. Schnell wurde ihm, der zuvor Berichte über UFOs immer geringschätzig belächelt hatte, klar, daß dieser seltsam schimmernde Flugkörper über ihm kein Flugzeug konventioneller Bauart sein konnte. Geistesgegenwärtig lief er ins Freie und machte mit seiner Polaroidkamera mehrere Fotos von dem Objekt.
Das UFO kam näher auf ihn zu. Ohne jede Vorwarnung schoß ein blauer Lichtstrahl auf ihn herunter, der ihn voll-

kommen lähmte. Unfähig, sich zu bewegen, oder überhaupt zu atmen, bekam Ed Walters das Gefühl, sterben zu müssen. Das alles dauerte noch nicht einmal 20 Sekunden, ihm kam es jedoch vor wie eine ganze Ewigkeit. Zu seinem maßlosen Entsetzen bemerkte er, daß er sich bereits vom Boden abgehoben hatte und nun gut einen halben Meter über der Erde schwebte. Es klingt verrückt, aber einzig der blaue, gebündelte Lichtstrahl schien ihn zu halten. Dann hörte er in seinem Kopf eine computerähnliche Stimme, die ihn zu beruhigen versuchte. Er sollte sie noch des öfteren hören, mit der Aufforderung, »zu ihnen« zu kommen. Unerklärliche Bilder schossen ihm durch den Kopf. Ein seltsamer Geruch hing in der Luft, der ihn an Ammoniak und Zimt erinnerte.

Ed Walters fühlte sich hilflos und glaubte sich schon verloren, als er ein Flugzeug hörte, das sich von Nordosten her näherte. Offenbar wurden hierdurch die Insassen des Flugobjektes in ihrem Vorhaben gestört, denn augenblicklich verschwand der blaue Lichtstrahl. Im selben Moment schlug Ed hart auf dem Boden auf. Vollkommen verstört fand ihn dort seine Frau liegen, als sie kurz darauf heimkam.

Nach einigen Tagen des Zögerns und Überlegens entschloß sich der Zeuge, die Fotos, die er an diesem Abend gemacht hatte, der örtlichen Zeitung, dem »Gulf Breeze Sentinel«, zu übergeben. Diese veröffentlichte sie zusammen mit einem knappen Bericht und der Aufforderung an eventuelle weitere Zeugen, sich bei der Redaktion zu melden.

Das Echo war unerwartet stark. In den darauffolgenden Tagen meldeten sich nach und nach über 150 Augenzeugen. Darunter waren so angesehene Bürger wie ein Arzt und ein Angehöriger des Stadtrates von Gulf Breeze. Sie scheuten sich nicht, Ed Walters' Sichtungen öffentlich zu bestätigen.

Drei Wochen später, es war der 2. Dezember 1987, kam es

zu einer dramatischen Begegnung. Gegen 3.30 Uhr morgens wurde der Unternehmer durch das aufgeregte Bellen seines Hundes aufgeschreckt. Er sprang aus dem Bett und rannte, eine Pistole in der Hand, zur Glastür, die vom Schlafzimmer zur Veranda hinausführt. Entschlossen zog er die Jalousie hoch. Auf der anderen Seite der Tür stand ein kleines Wesen. Es starrte ihn aus großen, schwarzen Augen an.

Der Anblick erschreckte ihn so sehr, daß er rückwärts stolperte und hinfiel. Aber das kleine Wesen stand einfach da und starrte ihn immerfort an. Es war nur etwa 1,20 Meter groß und hatte einen Helm mit einem Visier auf, das einzig seine Augen freiließ. Große, schwarze, schräggestellte mandelförmige Augen. Ein schildartiger Schutz bedeckte den Hauptteil seines Körpers. Dann drehte es sich um und ging langsam in die Nacht hinaus. Walters öffnete die Tür und folgte der unheimlichen Kreatur in den Garten. Als ob es nur ein Trick gewesen war, um ihn aus dem Haus zu lokken, blitzte sofort ein blauer und scharf gebündelter Lichtstrahl aus dem UFO herab und versuchte, ihn nach oben zu ziehen.

Diesmal war es seine Frau Frances, die ihn vor der drohenden Entführung rettete. Sie war ihm in den Garten gefolgt und kam gerade noch rechtzeitig, um ihren Mann von dem Strahl wegzuziehen.

Im Verlauf dieser Begegnungen, die sich bis Anfang Mai 1988 hinzogen, wurden beide noch einige Male mit dem ominösen Energiebündel konfrontiert. Als Ed Walters nach einer Sichtung ein unerklärlicher Zeitverlust auffiel, vertraute er sich dem UFO-Ermittler Budd Hopkins an, der mit regressiver Hypnose arbeitet. Bald stellte sich heraus, daß Ed nicht nur während der sechs Monate, sondern schon früher von den rätselhaften Wesen entführt worden war. Das erste Mal offenbar im Alter von 17 Jahren.[73]

In den Monaten nach der Veröffentlichung von Ed und Frances Walters' Buch gab es heftige Kontroversen über dessen Wahrheitsgehalt. Während genaue Untersuchungen des umfangreichen Fotomaterials keine Hinweise auf einen Schwindel erbrachten, stellten mehrere selbsternannte »Entlarver« die ganze Story als getürkt hin. In dieselbe Kerbe schlägt auch der deutsche Autor Ulrich Magin, für den »ein relativ einfacher Schwindel zu dem bedeutendsten Fall der UFO-Geschichte hochgeputscht wurde.«[74]

Neues aus Gulf Breeze

Doch hier hat Magin etwas vorschnell geurteilt. Es sind neue Hinweise aufgetaucht, die vermuten lassen, daß sich die Begebenheit wirklich so abgespielt hat. Hans D. Baumann berichtet in seinem Buch »Unsere fernen Nachbarn« von einem Freund, der lange Zeit in den Vereinigten Staaten gelebt hatte. Zufällig wohnte dieser nur wenige Kilometer von Gulf Breeze entfernt. Er hatte 1988 dasselbe UFO über dem Golf von Mexiko beobachtet und hielt es zunächst für ein neues geheimgehaltenes Militärflugzeug von der nahegelegenen Eglin Air-Force-Base. Es verwunderte ihn aber doch einigermaßen, daß das Objekt in Sekundenbruchteilen vom Himmel verschwand.

Kurz darauf sah er im lokalen Fernsehen eine Sendung, in der von den Begegnungen der Familie Walters berichtet wurde. Als er am folgenden Tag beim Sender anrief, geschah etwas Mysteriöses. Die Verantwortlichen versuchten ihm weiszumachen, ein solcher Beitrag sei niemals ausgestrahlt worden. Die Ausgabe des »Gulf Breeze Sentinel«, die er sich daraufhin besorgen wollte, fehlte in der Stadtbibliothek. Selbst beim Verlag war, wenige Tage nach deren Erscheinen, angeblich kein einziges Exemplar mehr aufzutreiben![75]

Das altbekannte Spiel: Auch hier ist gemauert und vertuscht worden, hat man unbequeme Fakten unter den Teppich gekehrt. Haben Fernsehen und Presse einen Maulkorb verpaßt bekommen? Auf jeden Fall gibt es hier einige Leute, die mehr wissen, als sie zu sagen bereit sind.

Whitley Striebers hartnäckige Besucher

Einen großen Bekanntheitsgrad haben die Entführungen von Whitley Strieber erlangt. Strieber ist ein in den Vereinigten Staaten recht bekannter Schriftsteller. Von 1977 bis 1983 schrieb er Thriller und Horrorstories (»Wolfen«, »The Hunger«). In den darauf folgenden Jahren konzentrierte er sich aber mehr auf ernstere Literatur. Er schrieb Bücher, die eng an Fakten, nicht an Fiktionen gebunden sind. Seine vorausgehende Betätigung im Horror-Genre brachte jedoch Kritiker auf die Idee, auch jene beiden über seine Entführungen verfaßten Bücher[56,76] beruhten auf reiner Erfindung. Oder bestenfalls auf der »Konstruktion seiner eigenen Erfahrung« aufgrund von Details aus den Erlebnissen anderer.[74]

Strieber betont dagegen stets die für ihn reale Natur seiner Begegnungen. Im Anhang zu seinem Buch »Die Besucher« findet der Leser denn auch eine Stellungnahme des Leiters der Forschungsabteilung des »New York State Psychiatric Institute«, Dr. Donald F. Klein, der Strieber hypnotisiert hatte, sowie die Ergebnisse eines Lügendetektortests, dem er sich am 31. Oktober 1986 stellte.

Strieber wurde am 26. Oktober 1985 aus der Blockhütte,

die er in einem abgelegenen Winkel des Staates New York besitzt, entführt. Kleine bleiche Wesen mit großen Köpfen und ein - er charakterisiert es so - weibliches, insektenartiges Geschöpf holten ihn aus seinem Bett. Zu jeglicher Bewegung unfähig hatte er den Eindruck, zusammen mit seinen Entführern aus der Hütte davonzuschweben. Es ging durch den Wald, wo er glaubte, die Bäume an sich vorbeistreichen zu spüren, bis er sich im Raumschiff der Fremden wiederfand. Dort wurden in einer Art Operationssaal medizinische Untersuchungen an ihm vorgenommen.

Strieber beschreibt eine lange, stark glänzende, haarfeine Nadel, die die fremden Wesen in sein Gehirn einführten. In diesem Moment hatte er das Gefühl, als würde sein Kopf regelrecht explodieren. Dann wurde ein mechanisches Gerät »mit einer Art Netz aus Kabeln am Ende« in seinen Darm eingeführt. Beklemmend schildert er seine absolute Hilflosigkeit und den ohnmächtigen Zorn angesichts dieser Vergewaltigung durch die »Besucher«.

Später wachte er in seinem Bett auf, hielt zuerst alles nur für einen üblen Traum. In den folgenden Tagen litt er unter unangenehmen Schmerzen in seinem After. Strieber hatte das unbestimmte Gefühl, daß ihm etwas Schlimmes zugestoßen sei, aber keine bewußte Erinnerung an diese Nacht.

Eine gute Woche nach seinem Erlebnis kamen dann noch Schmerzen hinter seinem rechten Ohr dazu, und der Kopf tat ihm weh. An der Stelle hinter seinem Ohr fand seine Frau einen winzigen Einstich. Erst jetzt wurde Strieber klar, daß er das Ganze weder geträumt noch halluziniert hatte. Der Eingriff mit der feinen Nadel in seinem Kopf mußte also tatsächlich stattgefunden haben!

In einem Buch über unheimliche Begegnungen hatte er von Budd Hopkins - eigentlich ein Künstler, der sich aber der Erforschung dieser CE-4-Erfahrungen verschrieben hatte -

gelesen. Spontan entschloß er sich, diesem seine Erlebnisse mitzuteilen. Hopkins riet ihm zu einer Hypnosebehandlung mit dem oben erwähnten Dr. Donald Klein. Aus den bislang noch vagen Schilderungen Striebers schloß er nämlich, daß noch ein Großteil der Erinnerungen unter einer Art posthypnotischer Blockade stehen mußte. In mehreren Sitzungen arbeiteten sie nicht nur die Ereignisse jenes 26. Oktobers miteinander auf. Nach und nach zeigte sich, daß Whitley Strieber seit seiner Kindheit immer wieder entführt worden war. Um die Erinnerungen an diese Vorgänge aus seinem Bewußtsein zu tilgen, haben ihm die unheimlichen Wesen anscheinend stets eine Deckerinnerung übergestülpt. Diese Vorgehensweise scheint übrigens typisch für sehr viele Abduktionsfälle.

Die Hypnosesitzungen brachten so manches verschüttete Erlebnis wieder zum Vorschein. Die früheste Begegnung hatte der kleine Whitley vermutlich im Alter von zwei Jahren. Ganz dumpf konnte er sich an »eine Gruppe großer grauer Affen« erinnern, die einen Abhang hinaufkamen. Dies war beim Landhaus seiner Großmutter geschehen, und zwar im Sommer 1947. Zeitlich würde es sich ganz gut in Einklang bringen lassen mit der ersten großen UFO-Sichtungswelle, die genau im Sommer dieses Jahres in den USA begann.

Über Sinn und Zweck der Entführungen spekuliert Strieber, daß außerirdische Lebewesen sich einer großen Anzahl Menschen bemächtigen, um sie genetisch zu manipulieren. Demzufolge ist auf der ganzen Welt gerade ein bedeutsames Ereignis im Gange, das unser aller Leben verändern wird. Die Mehrzahl der Menschen, die meisten Wissenschaftler scheinen dies aber leider zu ignorieren. Und das, obwohl es mittlerweile nicht mehr nur vage Vermutungen gibt, sondern Fakten existieren!

Was geschah mit der kleinen Yvonne?

Gegen Ende Juli 1993 bekam ich unerwartet die Gelegenheit, selbst einen Fall zu recherchieren, der Anlaß zu der Vermutung gibt, hier könnten einige ungewöhnliche Dinge vorgefallen sein.

In einer oberbayrischen Kleinstadt, nicht weit von meinem Wohnort entfernt, lebt Diana S. mit ihrer zu diesem Zeitpunkt zweieinhalbjährigen Tochter Yvonne. Mutter und Kind bewohnen ein Appartement in der obersten Etage eines großen Wohnblockes. Unweit davon endet die Stadt an einem Waldrand.

Anläßlich einer Geburtstagsfeier bei einer gemeinsamen Bekannten erfuhr ich von einigen bemerkenswerten Vorfällen, die das kleine Mädchen betrafen. Es begann damit, daß Diana S. ein eigenartiges Muster, gebildet aus lauter roten Punkten, in der linken Armbeuge ihrer Tochter auffiel. Da sie sich beim besten Willen nicht erklären konnte, woher diese Punkte stammen sollten, fragte sie die Kleine danach.

»Das waren die großen grünen Männer«, lautete die zögernde Antwort des sehr verunsichert wirkenden Kindes nach mehrmaligem Nachbohren. Frau S. glaubte ihren Ohren nicht mehr trauen zu können.

Auf die nochmalige Frage ihrer völlig verblüfften Mutter gab das Mädchen abermals in seiner kindlichen Ausdrucksweise zu verstehen, daß »große grüne Männer« ihr nachts diese Stiche beigebracht hätten.

Als mir dies alles während der oben erwähnten Feier berichtet wurde, regte sich bei mir Neugier. Ich war zwar skeptisch, trotzdem schlug ich Diana S. eine behutsame Befragung des Mädchens vor, die wir dann wenige Tage später gemeinsam durchführten.

Panikreaktionen

Hier kamen Umstände zutage, die sich nur sehr schwer mit der Phantasie eines Kleinkindes in Einklang bringen lassen. Yvonne reagierte mit sichtlichem Unbehagen, als wir einleitend nochmals die Frage nach der Herkunft der Punkte auf ihrem Arm stellten. Wieder nannte sie dieselben als Urheber ihrer Blessuren. Diese hätten sie in ein »komisches Zimmer« gebracht und sie darin an irgend etwas festgebunden. Auf die Frage, wohin man sie gebracht hätte, deutete das Mädchen auf das Balkonfenster in Richtung auf den nahen Wald und stammelte einige Male die Worte »sind mit mir geflogen«.

Daraufhin schlug ich Diana S. einen kleinen Test vor. Mit Farbstiften und Papier improvisierten wir mit Hilfe ihrer ebenfalls anwesenden Schwester Zeichnungen, die wir der Kleinen nacheinander präsentierten: ein Hase, ein Bär, ein Zwerg, eine Maus und eine Katze. Dazwischen die Zeichnung eines großen Kopfes. Das Gesicht mit schmalen Lippen, einer nur angedeuteten Nase und großen, dunklen und schräggestellten Augen. Die Reaktionen des Kindes hielt ich mit einer Polaroid-Kamera im Bild fest.

Yvonne erkannte nacheinander die dargestellten Figuren und konnte sie auch richtig benennen. Doch als wir zu der Zeichnung mit dem fremdartigen Kopf kamen, reagierte sie in einer Weise, mit der wir nicht gerechnet hatten. Anfänglich noch fröhlich, wurde Yvonne plötzlich todernst. Es herrschte beklemmende Stille im Zimmer. Dann stürzte sie auf das Sofa, auf dem die Schwester von Diana S. saß und versuchte panisch, sich hinter ihr zu verstecken. Schließlich begann sie zu weinen.

Könnte diese Panikreaktion darauf deuten, daß dem Mädchen in der Tat Ungewöhnliches zugestoßen ist?

Man kann geteilter Meinung über »die großen grünen Männer« sein. Aber für ein zweieinhalbjähriges Kind erscheint ein nur 1,50 Meter messendes Geschöpf (wie diese meist beschrieben werden) durchaus groß. Ebenso kann dessen graue Haut oder Montur grünlich wirken, wenn diffuse Lichtverhältnisse herrschen. Ich bin mir durchaus bewußt, daß in diesem Fall ein definitiver Beweis schwer zu erbringen sein wird, vielleicht erst in einigen Jahren durch Hypnose. Doch es gibt noch einen Hinweis. Diana S. suchte wegen der Einstiche einen Arzt auf. Dieser konnte keine exakte Diagnose stellen und verschrieb letztlich eine Salbe. Er konnte sich noch am ehesten Insektenstiche als Ursache des ungewöhnlichen Punktmusters vorstellen.

Nach einiger Zeit verschwanden die Punkte. Was bleibt, ist die seltsame Geschichte eines zweieinhalbjährigen Mädchens, die verblüffende Ähnlichkeiten mit bereits bekannten CE-4-Erlebnissen aufweist. Man kann schwer glauben, daß so ein kleines Kind alles zusammenphantasiert hat, und wie mir ihre Mutter versicherte, liegt die kleine Yvonne zur Sendezeit von Horror- und SF-Filmen längst im Bett.

Die neueste Entwicklung in diesem Fall scheint genauso spektakulär weiterzulaufen. Gegen Ende des Jahres 1993 informierte mich Diana S., daß an der Stelle, an welcher die ominösen Punkte auftraten, die Haut nun eine sonderbar weißliche Färbung aufweist. Selbst während der üblichen sommerlichen Hautbräunung sei an dieser Stelle die Haut heller geblieben als in deren Umgebung.

Es kursieren in der Szene der UFO-Ermittler Spekulationen, die besagen, daß die unheimlichen Entitäten ihre Opfer markieren – wie dies auch bei den mysteriösen »Cattle mutilations«, den grausamen Viehverstümmelungen geschieht. 1978 hatten Chemiker eines Labors in Albuquerque/New Mexico Untersuchungen auf der Ranch eines Farmers durchgeführt, dessen Rinderbestand besonders heimgesucht wurde. Man sperrte einen Teil der Herde in ein Gatter und ließ sie eine Schleuse mit ultraviolettem Licht passieren. Während des nächtlichen Experiments bemerkten die Ermittler, daß fünf der Rinder mit einer nur unter UV-Beleuchtung sichtbaren Substanz markiert worden waren. Und dies am rechten Ohr, an der rechten Halsseite und an einem rechten Bein.[40]

Es erscheint ungeheuerlich und wäre in seiner Tragweite kaum auszudenken, wenn derlei Praktiken auch auf Menschen angewandt würden. Auf alle Fälle werde ich diese Angelegenheit im Auge behalten. Diana S., die Mutter des kleinen Mädchens mit seinen unheimlichen Erlebnissen, wird mich über die weitere Entwicklung auf dem Laufenden halten.

Ist Yvonne S. im Moment auch noch zu jung für die Durchführung einer regressiven Hypnose, konnte diese im folgenden, von Ulrich Magin berichteten Fall angewandt werden.

Der in der Eifel stationierte US-Soldat Chris Owens soll im November 1978 in der Nähe von Trier/Mosel zusammen mit seiner schwangeren Frau Pamela und ihrem kleinen Sohn Brian entführt worden sein. Die Familie war zu Besuch bei einem Freund gewesen und befand sich bereits wieder auf der Heimfahrt. Diese dauerte für gewöhnlich nicht länger als eine halbe Stunde. Sie konnten sich später nur mehr an ein großes, ovales Objekt entsinnen, das auf der einsamen Strecke über ihrem Auto geschwebt hatte. Die folgenden eineinhalb Stunden jedoch waren aus ihrer Erinnerung getilgt: missing time!

Durch Hypnose kam zutage, daß Pamela Owens aus dem Wagen gestiegen war, als das UFO genau über ihnen verharrte. Sie verlor das Bewußtsein und kam erst wieder auf einem Tisch im Inneren des Flugkörpers zu sich. Zwei

kleine, grauhäutige Wesen mit großem Kopf und tiefliegenden Augen führten eine Untersuchung durch. Sie stachen der Schwangeren eine etwa acht Zentimeter lange Nadel oberhalb des Nabels in den Bauch.
Voller Angst fragte sie nach ihrem kleinen Sohn, der gleichfalls entführt worden war. Einer der »kleinen Grauen« beruhigte sie, indem er versprach, auf das Kleinkind achtzugeben. Dann verlor Pamela erneut das Bewußtsein und kam abseits der Straße stehend wieder zu sich. Das Objekt flog davon, und die völlig verstörte Familie konnte ihre Heimreise mit 100 Minuten Verspätung fortsetzen.[74]
Die Glaubwürdigkeit solcher Entführungen wird von den Skeptikern immer wieder mit dem Argument in Frage gestellt, die Handlungsmuster der angeblichen UFO-Insassen wären vollkommen absurd, würden keine klare Linie erkennen lassen. Welchen praktischen Wert sollte es auch haben, statt einer offiziellen Kontaktaufnahme schwangere Hausfrauen oder biedere Geschäftsleute zu entführen? Was für ein Plan steckt hinter der ganzen Sache?
Man hat den Eindruck, als inszenierten die »Besucher« unsere Wahrnehmung ihrer Anwesenheit äußerst sorgfältig. Gewiß sind sie nicht erst seit den letzten Jahren hier oder seit dem Beginn der großen Sichtungswellen in den vierziger und fünfziger Jahren. Wahrscheinlich begleiten sie uns schon seit langen Zeiten, womöglich bereits seit Anbeginn unseres Dasein auf dieser Welt. Im asiatischen Kulturkreis war man sich ihrer wohl deutlicher bewußt als in unseren Breiten, wo das Vertrauen ausschließlich in die exakte Wissenschaft – und in ein Weltbild, in dem der Mensch und seine Erde im absoluten Mittelpunkt standen – bald jegliche Erinnerung an sie zu tilgen drohte. Vielleicht beschlossen sie aus diesem und ähnlichen Gründen in den letzten 20 Jahren, wieder massiver in unser aller Bewußtsein zu

treten. Genau wie in jenen Zeiten, als sich der Mensch der Allgegenwart seiner Götter immer gewärtig war.
Die Art und Weise, wie sie mit uns in Kontakt treten, bietet sich mannigfaltig dar und verleiht dem ganzen Phänomen einen ungeheueren Facettenreichtum. Einer der undurchsichtigsten Aspekte ist die Begegnung, die der Betroffene real zu erleben scheint, die sich den unmittelbar danebenstehenden Beobachtern jedoch nicht mitteilt. Hier kann man die Kritiker noch am ehesten verstehen, wenn sie von Halluzinationen, Alpträumen oder gar von Geisteskrankheiten reden. Schließlich wird durch derartige Vorfälle die Bereitschaft, an ihre Realität zu glauben, aufs Äußerste strapaziert. Aber macht man sich die Sache nicht zu einfach, stempelt man jene Betroffenen nicht vorschnell mit ihrer real erlebten Angst zum psychopathischen Fall ab? Was ist mit den ungezählten Erscheinungen, von denen die verschiedenen Religionen berichten? Müßten dann nicht – kraft dieser Logik – zahllose »Heilige« und Glaubensstifter, Propheten und Erleuchtete kurzerhand zu Psychopathen erklärt, im nachhinein am besten entmündigt werden?

Begegnung auf dem Mooraduc-Highway

In der Nacht des 5. Juli 1972 war Maureen Puddy in der gebirgigen Region südöstlich Melbournes, die die letzten Ausläufer der australischen Alpen bildet, allein mit ihrem Auto unterwegs. Inmitten dieser Wildnis, auf dem Mooraduc-Highway zwischen den Orten Frankston und Dromana, wurde ihr Wagen plötzlich von einem grellen blauen Licht überflutet. Sie hielt an und stieg aus, um den Ursprung des Leuchtens erkennen zu können. Was sie sah, wollte sie

nicht glauben: Ein riesiges tellerförmiges Objekt mit ungefähr 30 Metern im Durchmesser schwebte in doppelter Höhe der Telegrafenmasten über ihr. Es gab dabei einen kaum hörbaren Summton von sich. Vor Schreck stürzte die Frau in ihr Fahrzeug zurück und jagte mit durchdrehenden Rädern davon. Fast panisch vor Angst, bemerkte sie, wie ihr das Flugobjekt folgte. Wie schnell sie auch fuhr, das Ding blieb immer in exakt derselben Distanz hinter ihr. Die unheimliche Verfolgung ging über eine Strecke von etwa 13 Kilometer, dann schoß das UFO in genau entgegengesetzter Richtung davon.
Knapp drei Wochen später, am 25. Juli 1972, war sie erneut auf der einsamen Landstraße unterwegs. Sie fühlte sich sehr unbehaglich, denn noch immer steckte ihr der Schreck über die alptraumhafte Begegnung mit dem UFO in den Gliedern. Und auf einmal, fast an derselben Stelle, war wieder das blaue Leuchten über ihr. Es tauchte den Wagen, die Bäume und die Felsen ringsumher in ein unwirkliches Licht. Sie gab Vollgas, um dem Unbekannten zu entkommen, aber der Motor erstarb. Dabei verlor sie die Kontrolle über das Fahrzeug und kam erst im freien Gelände neben der Straße zum Stehen.
In ihrem Kopf hörte sie eine Stimme: »... beruhige dich, wir wollen dich nicht verletzen« und »... berichte den Medien«, ließ diese verlauten. Schließlich hörte sie »... du hast jetzt wieder die Kontrolle«. Augenblicklich erlosch das blaue Licht, und Maureen Puddy konnte ihren Wagen wieder starten. Am ganzen Körper zitternd, fuhr sie zum nächsten Polizeiposten, wo man ihren Bericht aufnahm und an die Königlich-Australische Luftwaffe weiterleitete. Diese schickten ihr in den Wochen danach mehrere Ermittler ins Haus, die sie ausführlich vernahmen. Zwischenzeitlich meldeten sich noch mehrere Augenzeugen bei den Behör-

den, die in den besagten Nächten mehrmals grelle blaue Lichter am Himmel gesehen hatten.
Sechs Monate vergingen. In dieser Zeit hatte Mrs. Puddy Verbindung mit der privaten australischen Forschergruppe »VUFORS« aufgenommen. Die Mitglieder Judith Magee und Paul Norman halfen der Frau, so gut es ging, mit ihren unheimlichen Erlebnissen fertig zu werden. Doch am 22. Februar 1973 erklang abermals die Stimme in ihrem Kopf, die sie von der zweiten Begegnung mit dem UFO auf dem Mooraduc-Highway her kannte. Die Stimme forderte Maureen auf, »zum Treffpunkt« zu kommen. Sofort rief sie die VUFORS-Forscher an, die sich bereiterklärten, mit ihr zu der vereinbarten Stelle zu fahren. Dort stiegen beide in das Auto der Zeugin um, die bereits während der Fahrt eine kleine, in einen goldenen Overall gekleidete Gestalt neben sich im Fahrzeug bemerkt haben wollte.
Dann geschah noch Ungewöhnlicheres. Während die drei Personen sich über die kurzzeitige Erscheinung des goldglänzenden Wesens unterhielten, glaubte Maureen es erneut zu sehen. Diesmal kam der Unbekannte auf das Auto zu und blieb vor dem linken Scheinwerfer stehen. Die Zeugin war in heller Aufregung. Doch weder Mrs. Magee noch Paul Norman konnten das Geschöpf wahrnehmen. Die beiden waren aber sicher, daß die Erregung der Frau echt und nicht vorgetäuscht war.

Alpträume von Psychopathen?

Mit einer Handbewegung forderte das Wesen Mrs. Puddy auf, ihm zu folgen, aber vor lauter Angst hielt sie das Lenkrad ihres Wagens fest umklammert. Plötzlich schrie sie, sie

wäre jetzt entführt worden, und behauptete, man würde sie in das blaue UFO bringen. Verzweifelt begann sie, den kleinen, fensterlosen Raum zu beschreiben, in dem sie sich gefangen glaubte. Darin »sah« sie einen pilzförmigen Gegenstand, in dem eine gallertartige Flüssigkeit hin- und herschwappte. Dann löste sich ihre Erregung, und sie entspannte sich.
Das Unheimliche an der ganzen Situation war, daß Maureen Puddy während der ganzen Zeit zu keinem Moment den Wagen verlassen hatte und sich dauernd im Blickfeld der UFO-Forscher befand. Diesen war weder ein fremdartiges Wesen noch ein blauleuchtendes UFO aufgefallen. Das ganze Erlebnis schien sich vollkommen im Kopf der Zeugin abgespielt zu haben.[67,71]
Wohl könnte man es sich bei diesem Fall sehr einfach machen und der Frau irgendwelche neurotischen Störungen unterstellen. In der Folgezeit durchgeführte Untersuchungen ergaben jedoch, daß Mrs. Puddy nie zuvor und auch danach nicht unter Anfällen von Verfolgungswahn, Schizophrenie, Somnambulismus oder ähnlichen psychischen Defekten gelitten hatte. Könnte das Erlebnis »von außen her« in das Gehirn des Opfers hineinprojiziert worden sein? Diesen Fall könnte man ja unter Umständen noch der Vernachlässigung anheim fallen lassen, gäbe es da nicht deutliche Parallelen zu einer Serie ähnlich gearteter »virtueller Begegnungen«, wie sie im Japan der fünfziger und sechziger Jahre gehäuft auftraten. Die Inhalte jener Begebenheiten sind durchweg vergleichbar mit dem oben geschilderten Fall und für die Beteiligten nicht weniger dramatisch. Im Gegensatz zu diesem scheinen sie aber auf vergangene Zeiten hinzuweisen. Auf Zeiten, in denen der Umgang mit fremdartigen Wesen von den Menschen noch als etwas relativ Normales hingenommen wurde.

Kleine Männer im Bauch des Feuerdrachens

Der alte Bauer Kishi wachte mitten in der Nacht auf und lief zur Tür. Durch den Lärm, den er dabei machte, erwachten auch seine Frau und sein Sohn. Der Sohn fragte den Vater, ob ihm nicht gut sei, doch dieser verneinte.

»Draußen ist etwas Seltsames passiert, es war wie ein Donner, habt ihr es nicht gehört? Und dieses grüne Licht, dieses viele grüne Licht ...«

Kishis Frau und Sohn blickten sich verwundert an, hatten sie doch weder das leiseste Geräusch gehört noch irgendein Licht wahrgenommen. Der Bauer hatte einen eigenartigen Gesichtsausdruck. Er erweckte den Eindruck, als würde er schlafwandeln, doch nahm er jede Kleinigkeit wahr, die um ihn herum geschah. Sonderbar erregt warnte er seine Familie eindringlich davor, hinaus zu gehen. Als ihn seine Frau beruhigen wollte, hieß er sie, die Nerven zu behalten, was immer nun passieren mochte. Dann öffnete er die Haustür und ging ins Freie.

Durch das Fenster beobachteten die beiden anderen, wie er umherging, sich aufrichtete und wild mit seinen Händen gestikulierte, geradeso, als wolle er auf jemanden einreden, der vor ihm stand. Es hatte fast den Anschein, als spräche er mit einem unsichtbaren Gegenüber. Nach wenigen Minuten machte Kishi kehrt und ging ins Haus zurück.

»Das verstehe ich nicht«, murmelte er. »Was ist denn passiert?« wollte sein Sohn wissen.

»Habt ihr es nicht auch gesehen?« fragte der Bauer sichtlich aufgeregt. »In Wirklichkeit war es keine Sternschnuppe, sondern ein großer Feuerdrache, der auf unsere Wiese heruntergekommen ist. Warum, weiß ich nicht. Aber aus dem Bauch dieses Drachen sind zwei kleine Männer herausgekommen und haben in einer fremden Sprache zu mir gesprochen. Ich versuchte zu antworten, aber wir haben uns nicht verstanden. Dann sind sie wieder in den Bauch des Feuerdrachens gestiegen und ...«

Hierauf brach Herr Kishi ab, stützte seinen Kopf zwischen die Hände und brach ohnmächtig zusammen. Seine Frau und der Sohn legten ihn behutsam auf eine Matte und blieben ängstlich besorgt bei ihm sitzen. Aber bald darauf fiel er in einen tiefen und ruhigen Schlaf. Als ihn seine Familie am folgenden Morgen auf sein Erlebnis ansprach, wußte er von nichts mehr und gab an, die ganze Nacht geschlafen zu haben.[4]

Es wäre außerordentlich interesssant zu erfahren, was wohl dabei herausgekommen wäre, hätte Herr Kishi sich einer regressiven Hypnose unterzogen. Projizierte auch ihm »irgendwer« das Erlebnis ins Gehirn, oder erlebte er so etwas wie eine atavistische Erinnerung an längst vergangene Zeiten? Zeiten, in denen die Götter mit feurigen Drachen auf den japanischen Inseln gelandet waren.

Leider wurden diese Begebenheiten damals nicht weiter recherchiert. Was bleibt, ist die frappierende Ähnlichkeit mit Fällen, die sich fast 20 Jahre später ereignen und dem gleichen Strickmuster folgen sollten. Ich bin der Meinung, die Kritiker des UFO-Phänomens sollten hier nicht den Fehler begehen, alles psychologisch zu erklären. Es liegt doch auf der Hand, daß wir es hier mit einem höchst realen Problem zu tun haben, auch wenn es sich manchmal nur subjektiv manifestiert. Und immer wieder müssen wir feststellen, daß es verblüffende Parallelen gibt zwischen modernen UFO-Begegnungen und den Inhalten alter Mythen und Überlieferungen. Nicht nur aus Asien, sondern aus der ganzen Welt.

In einem der vorangegangenen Kapitel habe ich mich mit dem Drachenbegriff in Ostasien befaßt und seiner symbolträchtigen Beziehung zum Weltraum, zu den Göttern aus dem All. Im Mai 1979 wurde der Amerikaner William J. Herrmann an Bord eines unbekannten Flugobjektes gebracht. Was er später darüber zu Protokoll gab, läßt vermuten, daß die Protagonisten heutiger Entführungsfälle einiges gemeinsam haben müssen mit jenen Wesen, von denen in den alten Texten der Völker die Rede ist. Es sind mit einem gewissen Maß an Wahrscheinlichkeit die Nachfahren dieser Götter darunter. Die Nachkommen vielleicht auch jener Gestalten, die in den Bergen von Baian-Kara-Ula notlanden mußten und die wegen ihrer ungewohnten Physiognomie – in den Augen der Erdbewohner waren sie schlicht häßlich, und daran scheint sich bis auf den heutigen Tag nichts geändert zu haben – von den Eingeborenen verfolgt und massakriert wurden.

Das Zeichen des geflügelten Drachens

William Herrmann begegnete einem leuchtenden, silbrig glänzenden Objekt mit einem Durchmesser, den er auf 20–25 Meter schätzte. Dann verlor er das Bewußtsein. Das Nächste, an das er sich erinnern konnte, war eine Art Liege, auf der er ausgestreckt lag. Alles um ihn herum schien in ein rötliches Licht getaucht, und er wußte zunächst nicht, wo er sich befand.

Auf einmal sah er drei kleine, höchstens 1,50 Meter große Gestalten, die overallähnliche Monturen trugen. Ihre Gesichter wirkten ausgesprochen asiatisch. Sie hatten übergroße Köpfe und starrten ihn mit ihren runden, schwarzen Augen an. Unter der nur durch zwei Löcher angedeuteten Nase befand sich der sehr kleine, schmallippige Mund. Die

Fremden besaßen weder Kopfhaare noch Wimpern oder Augenbrauen.
Das Merkwürdigste an ihnen aber war eine Art Emblem, das sie auf ihren »Uniformen« trugen. An der linken Brustseite seines Overalls hatte jedes der Wesen einen eingearbeiteten, metallisch schimmernden Schild. Darauf prangte ihr Symbol: ein geflügelter Drache.[40]
In der chinesischen Mythologie brachte der metallisch glänzende, feuerspeiende Drache die Urkaiser aus dem Himmel zur Erde herab.

Leihmütter für den kosmischen Nachwuchs

Der beklemmende Aspekt rund um diesen undurchsichtigen Komplex der Entführungen offenbart sich in Fällen wie dem folgenden. Weibliche Opfer behaupten nicht mehr und nicht weniger, als von den unheimlichen Besuchern für regelrechte Zuchtzwecke mißbraucht worden zu sein. Die ungeheuerlichen Eingriffe sollen anläßlich einer Serie von mehrmaligen Entführungen über einen längeren Zeitraum geschehen sein.
Der Fall von Kathie Davis (ihr Name wurde aus verständlichen Gründen geändert), der von Budd Hopkins besonders gründlich untersucht wurde, kann als Musterbeispiel für diesen speziellen Bereich des Problems gelten.
Am 30. Juni 1983 sah Kathie Davis seltsame Lichter, die ihren Garten bei Copley Woods/Ohio abzusuchen schienen. Als sie ihr Haus verließ, um nach dem Rechten zu sehen, wurde sie von einer Art Energiestoß getroffen. Sie wurde entführt, dabei wurde ihr anscheinend mit Hilfe einer Sonde ein Implantat eingesetzt.

Budd Hopkins vermutet, daß dieses Erlebnis nur eines von vielen in ihrem bisherigen Leben ist. Einige vage Andeutungen weisen auf Abduktionen hin, die bereits während Kathies Kindheit erfolgt sind. Da gibt es einen »Traum«, in dem ihre Mutter das Mädchen in einem Kleiderschrank versteckte, um sie vor einer Bedrohung aus dem Himmel zu beschützen. Bei anderer Gelegenheit kamen undeutliche Erinnerungen an ein seltsames Haus zutage, in dem sie einen »kleinen Jungen« getroffen hatte. Für Hopkins sind solche Rückblicke nichts anderes als künstlich erzeugte Erinnerungen, die die jeweiligen Zugriffe der Fremden auf ihr Opfer überdecken sollen. Vielleicht sogar als Schutzmaßnahme für die Betroffenen, um nicht an der Ungeheuerlichkeit des Geschehens zu zerbrechen. Eine Narbe an Kathies Bein, deren Herkunft sie sich anfangs nicht erklären konnte, zeuge von einer Gewebeprobe, die man ihr im Verlauf eines medizinischen Tests entnommen hatte.

Im Dezember 1977 entführte man die junge Frau aus einem Auto heraus, die übrigen Insassen waren irgendwie ruhiggestellt worden. Damals nahmen die Fremden offenbar zum ersten Mal einen gynäkologischen Eingriff bei ihr vor. Es fand eine künstliche Befruchtung statt.

Ein Vierteljahr später, im März 1978, war Kathie abermals an der Reihe. Dabei entnahmen die Kidnapper ihr den Embryo wieder. 1979 implantierte man ihr einen Fremdkörper mittels einer Sonde, die ihr in die Nase geschoben wurde. Die eingangs geschilderte Begegnung vom Juni 1983 war schließlich der Anlaß, den UFO-Forscher Budd Hopkins aufzusuchen. Noch im selben Jahr wurde sie erneut entführt. Diesmal mußten die medizinischen Manipulationen an ihr zu einer wahren Tortur ausgeartet sein. Nur mit dem Nachthemd bekleidet, erwachte sie blutüberströmt im Hinterhof ihres Hauses.

Bei der Hypnoserückführung zu diesem Fall kam ein schier unglaubliches Detail zutage. Kathie Davis hatte eine Begegnung mit einem kleinen Geschöpf, halb Mensch, halb Außerirdischer. Sie bezeichnete das zartgliedrige Wesen als ihre Tochter, die aus der oben erwähnten künstlichen Befruchtung stammen sollte.

Charakteristisch an den CE-4-Fällen ist die Tatsache, daß oft mehrere Familienmitglieder von den Fremden mitgenommen werden. Kathies Sohn Tommy soll auch bereits einige Male Ziel von Entführungen geworden sein. Eines Nachts mußte seine zu Tode erschrockene Mutter ansehen, wie einer der »Besucher« aus Tommys Zimmer kam.

Kathie selbst traf es dann im April 1986 wieder. Dieses Mal wurden ihr zwei hybride Babies gezeigt, denen sie Namen geben durfte. Budd Hopkins glaubt sichere Hinweise dafür zu haben, daß Mrs. Davis im Laufe der bis zum heutigen Tage fortdauernden Entführungsserie insgesamt neun dieser Kinder – aus Menschen und Aliens gekreuzte Mischwesen – ausgetragen, oder sollte man besser sagen, »angebrütet« hat.[67]

Das alles stellt unsere Gutgläubigkeit auf eine harte Probe. Irgendwie kann man jene unter uns verstehen, die spätestens hier ihre Art Notbremse ziehen. Die abblocken, alles für baren Nonsens erklären. Eine nur zu verständliche Reaktion, zieht man einmal die Konsequenzen aus Fällen wie dem eben geschilderten in Betracht. Doch das bringt niemanden weiter, am allerwenigsten die bedauernswerten Entführungsopfer, die nicht selten zu ihren ungeheuerlichen Erlebnissen auch noch den Spott und Zynismus ihrer Mitmenschen ertragen müssen. Was für diese Menschen und vielleicht auch für die Realität ihrer Erfahrungen spricht, ist die überaus große Scheu, die sie vor dem Bekanntwerden ihrer Geschichten haben.

Über die meisten Opfer wurden psychologische und psychiatrische Gutachten eingeholt, wurden Lügendetektortests durchgeführt. Aber es gab so gut wie keine Hinweise auf Schwindelmanöver oder geistig-seelische Defekte. Es muß wie blanker Hohn in ihren Ohren klingen, wenn sie erfahren, daß sie entweder als begnadete Schauspieler alle Welt zum Narren halten, oder eine Ersatzreligion in dieser gottlosen Zeit kreiert haben, »weil man schließlich etwas glauben muß«.[74] Zur allgemeinen Skepsis beigetragen haben mögen sicher auch jene zahlreichen und nicht selten religiös angehauchten »Kontaktler« aus den fünfziger und sechziger Jahren. Deren Erlebnisse waren wahrscheinlich größtenteils nur fabuliert.[61]

Die Gruppe TREAT

Weitaus realistischer ist da schon die Einschätzung, daß die Entführungsfälle eine Erforschung als eigenständiges Phänomen verdienen.[77] Ein nicht unbedeutender Schritt in diese Richtung wurde in den USA von der Gruppe TREAT gemacht. Diese aus Medizinern und Psychologen bestehende Gesellschaft nimmt sich der Opfer von Abduktionsfällen an. Sie ist Anlaufstelle für Menschen, die sich mit ihren Erfahrungen alleingelassen fühlten und plötzlich erkennen, daß sie nicht die einzigen sind, denen so etwas widerfahren ist.
Geleitet wird die Gruppe von der Psychologin Dr. Rima Laibow. Diese gab während der Tagung der zentraleuropäischen Sektion der »Mutual UFO Network« (MUFONCES), die 1991 im oberbayrischen Feldkirchen-Westerham bei München stattfand, erstmalig Einblicke in die Arbeit ihrer Organisation. Die Schwerpunkte liegen natürlich im

medizinischen Bereich, und die ersten Erkenntnisse sind schlichtweg erschreckend!
Ein Arzt aus Kansas habe - so Dr. Laibow - mehrere Implantate in den Gehirnen und den Körpern von Betroffenen lokalisiert und zum Teil auch entfernt. Im Falle der New Yorkerin Linda Cortile (oder Linda Napoletano, lt. einer Dokumentation des Zweiten Deutschen Fernsehens vom 23. Mai 1993), die in der Nähe der Brooklyn-Bridge vor Zeugen in ein UFO entführt worden war, existiere sogar ein Röntgenbild. Es zeige ein winziges zylindrisches Objekt im Kopf der Frau, welches man ihr »unter höllischen Schmerzen« durch das linke Nasenloch nach oben getrieben hatte. Wenige Tage nach der Röntgenaufnahme fand eine erneute Entführung statt, dabei wurde das Implantat wieder entfernt.
Dr. Rima Laibow berichtete auch von entführten Frauen, deren Schwangerschaften eindeutig nachgewiesen waren. Etwa in der zwölften Schwangerschaftswoche verschwanden die Embryos buchstäblich über Nacht, im Zusammenhang mit einem weiteren CE-4-Erlebnis. Einigen der Frauen legte man hybride Babies an die Brust zum Stillen. Sie sollen halb wie Menschen, halb wie der Typus Außerirdische aussehen, von dem in den letzten Jahren so oft berichtet wird. Sie haben weiße Haare, die Lippen sind voller als auf den bekannten Darstellungen der kleinen Fremden. Es gibt sogar Berichte von Frauen, die nach Entführungen, in deren Verlauf sie ein solches Kind präsentiert bekamen, feststellen mußten, daß ihre Brüste plötzlich laktierten, also Muttermilch abgaben.[71] Das ist medizinisch kaum zu erklären, außer man zieht die schreckliche Realität der berichteten Erlebnisse in Betracht!
Läuft hier - fast unbemerkt - ein genetisches Programm im großen Rahmen ab?

Ist dieses »Züchtungsprogramm« der Grund für die so kraß zunehmende Anzahl von Entführungen? Und ist nicht alles irgendwann schon einmal dagewesen?
Entführungen spielten in den Mythologien und heiligen Schriften der Völker schon immer eine Schlüsselrolle. Der alttestamentarische Urvater Henoch war das erste biblische Opfer eines Falles von Kidnapping. Bekannter als Henoch ist der Prophet Hesekiel, dessen Erlebnis wohl auch nicht anders einzustufen ist. Im indischen Heldenepos Mahabharata bot Gott Indra dem Yudhistira an, lebendig in den Himmel aufzufahren. Dasselbe widerfuhr Ma Tse-Yan, einem der großen Ärzte des alten China und erhabenem Lehrer des Taoismus.
Auch das Verhalten heutiger UFO-Besatzungen Frauen gegenüber hat traurige Tradition. »Himmlische Drachen« hatten im alten China oft junge Frauen zu entführen und zu ihren Herrschern in den Himmel zu bringen.[8]

Alles schon einmal dagewesen: Ein Gott verpflanzt Embryos

Selbst die geschilderten Vorgänge rund um das Verschwinden von Schwangerschaften nach wiederholten Abduktionen sind nichts Neues unter dieser Sonne. Vor zweieinhalbtausend Jahren praktizierten die Götter des alten Indien haargenau dasselbe. In den Überlieferungen der Jaina-Religion sind klare Beschreibungen von Embryo-Transfers nachzulesen.
Danach beschloß der Rat der Götter, einer der ihren habe zur Erde herabzusteigen, um eine neue Religion zu gründen. Dafür nahm Mahavira die Form eines Fötus an. Ein

anderer Gott, Harinaigamesin, wurde mit der Verpflanzung der göttlichen Leibesfrucht in den Leib einer irdischen Frau beauftragt. Er ritt auf einem »Pfau« zur Erde hernieder, wo er in der Stadt Kundagrama auf die schwangere Brahmanin Devananda stieß. Sofort traf er seine Vorbereitungen für den Eingriff.

»Er legte sie in tiefen Schlaf, aber ihre Augen waren offen, und er tat es ihr ohne Schmerzen, denn sie war in einem Zustand des Traumes«, heißt es da. Die Aktionen, die heute bei den weiblichen Opfern von Entführungen vorgenommen werden, ließen sich kaum treffender beschreiben. Mit den Worten »möge die Erhabene mir erlauben« nahm Harinaigamesin den Embryo aus dem Bauch Devanandas und setzte an dessen Stelle den des Gottes Mahavira ein. Nach getaner Arbeit flog er in den Himmel zurück und erstattete der versammelten Götterrunde ausführlich Bericht. Diesen jedoch kam die hehre Erkenntnis, daß ein Gott nur von einer Königin geboren werden könne. Die jetzige Leihmutter aber gehörte »nur« der Priesterkaste an.

Harinaigamesin blieb nichts anderes übrig, als noch einmal zur Erde herniederzufahren. Da traf er die Königin Trisala, die sich – was für ein Zufall! – im selben Stadium der Schwangerschaft befand wie ihre »Kollegin« Devananda. Der Abgesandte in Sachen spektakuläre medizinische Eingriffe tauschte jetzt die Embryonen der beiden Frauen aus und entschwand wieder in seine himmlischen Gefilde. Er verstand sein Handwerk offenbar perfekt, denn nach dieser komplikationslosen Austauschaktion gebar die königliche Trisala im Jahr 599 v. Chr. einen gesunden Sohn. Dieser sollte später unter dem Namen Mahavira die Jaina-Religion begründen.[78]

Es gibt also nichts Neues unter der Sonne? Im Prinzip nicht. Das einzige, das sich geändert haben mag, dürfte unsere Einstellung zu jenen Geschöpfen sein, die uns seit langer Zeit besuchen.

Für die Altvorderen war die Vorstellung von Göttern, die aus dem Himmel zu Besuch herunterkamen, nichts Abwegiges. Ebenso nahm der Mensch des Mittelalters Entführungen viel selbstverständlicher hin als wir in unseren Tagen. Für ihn waren es Elfen, Kobolde und Feen, die sich seiner Zeitgenossen bemächtigten. Es ist amüsant, wie manche »Erklärer« heutige Vorfälle mit mittelalterlichen Schilderungen vergleichen, dabei C. G. Jungs »Extroflexion eines unbewußten Archetypus« bemühen.[61] Im Grunde aber ist es völlig gleichgültig, von welcher Seite aus man das Problem angeht. Die Urheber für damalige wie heutige Erfahrungen mögen dieselben sein, einzig der Sprachschatz ist es, der eine Wandlung durchgemacht hat und uns heute erlaubt, die Verantwortlichen beim Namen zu nennen.

Narrenfreiheit

Das Schlimmste aber, was in Zusammenhang mit den Entführungen heute geschieht, sind weniger die aufsehenerregenden Vorfälle selbst. Vielmehr sind es die Verschleierungstaktiken, derer sich – nachgewiesenermaßen – die Regierungen einiger führender Nationen bedienen. Und das bereits seit Zeiten, als die UFO-Thematik lange nicht diese Brisanz hatte wie heute.[64,79]

Auch die Hardliner unter den Skeptikern arbeiten den Fremden in die Hände. Während so manch eifriger Entlarver in den kleinen Geschöpfen eine Art Modeerscheinung sieht, die die großen, blonden Humanoiden vom Typ des Adamski'schen Venusiers ablöst, können die Besucher

schalten und walten, wie es ihnen gefällt. Sie spazieren nachts ungeniert in die Wohnung von ahnungslosen Bürgern und verschleppen diese aus ihrer gewohnten Umgebung.[57,71,76] Und das alles, ohne auch nur das Geringste befürchten zu müssen, denn offiziell existieren sie ja nicht. Man glaubt sich in einem dieser schlechten Kriminalfilme, bei denen regelmäßig ein ungutes Gefühl am Schluß bleibt: Der Täter kommt ungeschoren davon, das Opfer hat die Beweislast zu tragen und findet sich nicht selten in der Rolle des Angeklagten wieder.
Genauso ist es hier. Und die Fremden fahren mit ihren Experimenten fort, als ob es nichts als ihr gutes Recht wäre!
Aber – woher?

10 Licht am Ende des Tunnels: *Steckt hinter all den Absurditäten ein Plan?*

Die Götter schufen die Menschen nach Ihrem Ebenbild. Rund um unseren Globus ist diese Aussage der Kernsatz vieler Religionen und Glaubensbekenntnisse. Mythen und Überlieferungen werden nicht müde, die menschliche Spezies als Abkömmlinge der Götter und der sogenannten »Söhne des Himmels« zu bezeichnen.

Der Gott unserer Bibel »schuf den Menschen nach seinem Bilde, nach dem Bilde Gottes schuf er ihn, als Mann und Frau schuf er sie«. (Genesis 1,27)

Beim Stamm der sibirischen Tungusen kam das erste Menschenpaar mit einer silbernen Gondel vom Himmel, dem Wohnort der Götter.[80]

Im Bergland von Acari, an der Grenze des kleinen südamerikanischen Staates Guayana zu seinem großen Nachbarn Brasilien, entspringt der Rio Trompetas, der schon nach 500 Kilometern in den mächtigen Amazonas mündet. Die Schöpfungsmythen der im Dschungel links und rechts des Flusses ansässigen Indios erzählen von den Göttern Pura und Mura.

Diese waren die Schöpfer der Welt, und sie besaßen weder Eltern noch Frauen. Es waren kleine Wesen (!), die nicht sterben mußten, da sie sich wie die Schlangen und manche Insekten häuten konnten. Pura und Mura erschufen die Menschen – in dieser Version wurden sie aus Holz geschnitzt –, und sie brachten ihren Geschöpfen die Kultur.

Nach getaner Arbeit verließen sie diesen Planeten: Sie kehrten wieder in den Himmel zurück.[81]

Alte Rechte am »Ebenbild der Götter«?

Setzen wir einmal rein hypothetisch voraus: Bei den kleinen Wesen, die als Urheber heutiger Entführungen in Erscheinung treten, handelt es sich tatsächlich um Nachfahren jener Astronautengötter, deren genetische Manipulationen aus primitiven, wilden Hominiden das Menschengeschlecht der Marke Homo sapiens zustande brachten. Leiten sie unter Umständen *daraus* das Recht ab, mit den Abduktionsopfern in einer Weise zu verfahren, wie wir es aus den Protokollen der Hypnosesitzungen zur Kenntnis nehmen mußten?

Machen sie nur an dem Punkt weiter, wo die alten Götter seinerzeit aufgehört hatten?

Eine ganze Reihe von Personen mit CE-4-Erfahrungen schilderte verwundert, daß die von den Fremden vorgenommenen Manipulationen für diese eine absolute Selbstverständlichkeit zu sein scheinen. Fast hatten die Entführten den Eindruck, als würde eine Art altes »Besitzrecht« ausgeübt. Whitley Strieber berichtet:

»Mir fiel mein Protest ein, als sie mir versicherten, daß die Operation keine Schmerzen verursachen würde. Das Gefühl der Hilflosigkeit war schwer zu ertragen. ›Ihr habt kein Recht dazu‹, hatte ich gesagt. ›*Wir haben das Recht.*‹ Vier große Worte. Niederschmetternde Worte. Wir haben das Recht. Wer gab es ihnen? Mit welcher ethischen Begründung? Ich fragte mich, ob sie es manchmal hinterfragten oder ob es völlig selbstverständlich für sie war.«

»Vielleicht stammte das Recht aus einer anderen Richtung, als man annehmen würde. Wenn sie ein Teil von uns waren, haben wir es ihnen vielleicht selbst gewährt.«
»Wenn es aber wirklich Besucher waren, dann wollte ich die moralische Begründung ihres ›Rechts‹ wissen. Wir selber stellen allerdings unsere Rechte über andere Geschöpfe auf dieser Erde kaum je in Frage. Es war merkwürdig, sich plötzlich jener Macht ausgesetzt zu sehen, die wir selbst ohne weiteres Tieren gegenüber ausüben.«[56]
Nahezu dieselbe, keinen Widerspruch duldende Begründung gaben die Wesen im »Gulf-Breeze-Fall«:
»›Du kannst ihnen nicht entkommen. Sie werden dir nicht weh tun. Nur ein paar Untersuchungen. Das ist alles.‹
›Klar. Wenn ich untersucht werden will, sag ich schon Bescheid.‹
Die UFO-Stimme: ›Tritt vor. Wir werden dich an Bord bringen.‹
›Von wegen. Was gibt euch überhaupt das Recht, Leute gegen ihren Willen in euer Schiff raufzusaugen?‹
Die UFO-Stimme: ›Wir haben das Recht.‹
Ich erinnerte mich, wie ich dachte, daß das Wesen mit mir sprach, als wäre ich ein Tier. ›Hierher, Bello, sitz, Bello, braver Bello.‹«[73]
Ein anderes Entführungsopfer, das sich dem UFO-Forscher Budd Hopkins anvertraute, brachte es auf den kleinsten gemeinsamen Nenner:
»Für wen, verdammt noch mal, halten sich die eigentlich, daß sie mit uns machen können, was sie wollen, als ob wir überhaupt nichts wären?«[57]
Warum also diese vermehrten Entführungen, warum das geradezu selbstverständliche Ausführen von medizinischen Eingriffen an den Entführten?
Irgend etwas scheint momentan im Gange zu sein. Ich bin

weiß Gott kein »UFO-Prophet«, der mit erhobenem Zeigefinger seine Endzeit-Vision zum Besten gibt. Jegliche Sektiererei ist mir tief zuwider, das unablässige New-Age-Gefasel suspekt. Aber mir ist aufgefallen, daß in den letzten Jahren die Beschäftigung mit dem Thema »Intelligenzen aus dem All« eine stetig wachsende Akzeptanz gefunden hat.

Immer mehr halten UFOs für existent

Wie weit die Bereitschaft, Außerirdische und UFOs als Realität anzusehen, beispielsweise in den USA zugenommen hat, verdeutlicht eine Anfang der achtziger Jahre durchgeführte Umfrage. Sie wurde vom Magazin »Industrial Research Development« angeregt, das vorwiegend von Wissenschaftlern und Industriellen gelesen wird.
Dabei kam heraus, daß 27 Prozent der Befragten definitiv an die Existenz von UFOs glaubten und weitere 34 Prozent sie für wahrscheinlich halten. Zwölf Prozent waren unschlüssig, 19 Prozent hielten sie für wahrscheinlich nicht existent, und nur acht Prozent meinten, daß es sie definitiv nicht gäbe. Das ergibt eine Mehrheit von 61 Prozent, die von der Realität des Phänomens überzeugt sind![45, 82] Noch ein Jahrzehnt früher sah die Sache ganz anders aus. Insbesondere als mit dem Condon-Report der Versuch gemacht wurde, dem ganzen Thema UFOs ein Grab zu schaufeln.
Da wollen natürlich auch die anderen Medien nicht im Abseits stehen bleiben. So hat derzeit im deutschsprachigen Sendegebiet – nach jahrelanger Abstinenz – beinahe jeder Fernsehsender eine Serie, die sich mit ungewöhnlichen Phänomenen auseinandersetzt. Darunter auch mit UFOs und vorzeitlichen Raumfahrern. Erfolgen solche Wandlungsprozesse

nicht gerade zufällig, sollen wir behutsam auf etwas vorbereitet werden? Gibt es eine Strategie, ist hinter all den Absurditäten und Ungeheuerlichkeiten ein Plan erkennbar?
Ebenso glaubt man so etwas wie ein differenziertes Vorgehen fremder Intelligenzen in verschiedenen Regionen zu bemerken. Noch wird nicht überall die ganze Bandbreite des Phänomens sichtbar.
In Nord- und Südamerika, wo schon seit über 40 Jahren häufig über UFOs und außerirdisches Leben diskutiert wird, kommt es verstärkt zu Begegnungen der dritten und vierten Art. In der Volksrepublik China hingegen, wo die ganze Angelegenheit erst seit relativ kurzer Zeit enttabuisiert wird, werden überwiegend »normale« Sichtungen gemeldet. Konfrontationen mit der Technik und den Flugeigenschaften der Objekte, aber noch wenige Begegnungen mit deren Insassen.
Man könnte hier natürlich entgegenhalten, daß die geographische Verteilung der Beobachtungen vom Entwicklungsstande des jeweiligen Landes abhängt. In ärmeren Ländern gäbe es so gut wie keine Ansprechpartner oder sogar Institutionen, wohin man sich mit seinen Erlebnissen wenden könne. Ergo sage die Massierung der Berichte nicht viel aus.[83]
Doch das UFO-Phänomen, die Problematik um die Besucher, ist eine weltweite Angelegenheit. Und mittlerweile gibt es zum Beispiel auch in China Forschungsgruppen, wurden zahlreiche Publikationen zu dem Thema herausgegeben. Selbst in den entlegensten Provinzen gibt es heute Fernsehen, Zeitung und Telefon. Zahlreiche Augenzeugen haben in der Zwischenzeit über ihre Erlebnisse berichtet. Sogar für die Zulus in der südafrikanischen Steppe und die Aborigines in den Weiten des fünften Kontinents ist heute – dank moderner Kommunikationsmittel – der Begriff UFO

nichts Unbekanntes mehr. Diese Zeitgenossen dürften ohnehin weit weniger Schwierigkeiten als wir haben, die Erscheinungen in ihr Weltbild einzuordnen und zu akzeptieren. Erinnert sie all das doch an die Götter ihrer Legenden aus vergangenen Traumzeiten …

Die Strategien der Außerirdischen

Nein, ich glaube doch eher an eine unterschiedliche Auftrittsweise der »UFOnauten« in den verschiedenen Regionen der Welt. Da scheinen mir kühle Strategen am Werk zu sein. Derzeit sind mehrere Hypothesen über mögliche Denkweisen und Strategien der Außerirdischen im Gespräch. Die beiden wichtigsten möchte ich an dieser Stelle noch kurz anschneiden.

Dr. James W. Deardorffs »Leaky-Embargo-Hypothese« geht davon aus, daß uns wohlgesonnene Intelligenzen im Universum unseren Planeten in einer Art kosmischer Quarantäne halten. Jene fortgeschrittene Kultur beschränke sich derzeit darauf, unsere buchstäblich noch in den Kinderschuhen steckende Gesellschaft zu beobachten. Die Menschheit habe erst ihre Fähigkeit unter Beweis zu stellen, friedlich sowohl untereinander als später auch mit außerirdischen Wesen verkehren zu können. Die Unfähigkeit dazu würde sich am deutlichsten zeigen, wenn unsere Zivilisation sich selbst zerstörte.[84]

Doch das Embargo ist durchlässig. Hie und da könnten Einzelpersonen oder kleine Gruppen mit der hochentwikkelten Technologie der Anderen konfrontiert werden. Ein Aspekt jener Strategie wäre, sich ab und an zu zeigen, dabei aber nichts oder wenig Beweisbares zu hinterlassen.

Denn ein abruptes, unvorbereitetes Auftauchen würde der Weltöffentlichkeit einen Kulturschock versetzen, unsere Gesellschaft in ein tiefes Chaos stürzen.[45, 82]
Auf die genannte Strategie hingegen würde das wissenschaftliche und politische Establishment den Fremden keine Aufmerksamkeit schenken, ihnen nur Ignoranz und Ablehnung entgegensetzen. Führt man diesen Gedanken eines steten Einsickerns weiter, so wird klar, daß eine derartige Aktion über Zeiträume von mehreren Generationen aufrechterhalten werden müßte. Die Informationsinhalte, die den ausgewählten Kontaktpersonen mitgeteilt würden, wären durchsetzt von gezielt hinzugefügten Absurditäten und obskuren Botschaften. Vergleichbar wäre auch die Handlungsweise der Außerirdischen, wenn sie gelegentlich in Aktion treten. Dies hielte für lange Zeit ernsthafte Forscher davon ab, sich mit der Materie auseinanderzusetzen. All das gewährleistet, daß sich die Infiltration auf sehr behutsame Weise auswirken könnte, ein Sinneswandel auf breiter Basis erfolgen und eine Kontaktaufnahme ohne negative Auswirkungen ermöglichen würde.[84]
Die »Mimikry-Hypothese« wurde von Dr. J. Fiebag in den Fragenkomplex eingebracht. Sie geht davon aus, daß »außerirdische Intelligenzen mit der Fähigkeit zu interstellarer Raumfahrt ... einen derart hohen technologischen (›magischen‹) Standard besitzen, daß sie ihr Erscheinen dem jeweiligen intellektuellen Niveau der Menschen unterschiedlicher Zeiten und Kulturen anpassen können. Gleichzeitig vermögen sie ... uns ... Hinweise auf ihre Existenz, ihre Besuchstätigkeit und ihre Möglichkeiten zu geben.«
Das Verhalten der Außerirdischen würde also exakt dem Mimikry-Verhalten bestimmter Tiere entsprechen, die sich ihrer Umgebung optimal tarnend anpassen.[71, 85, 86]
Die Konfrontationen mit dieser überlegenen Intelligenz

wären demnach grundsätzlich von der Notwendigkeit geprägt, daß die Menschen der jeweiligen Epoche die Begegnungen auch stets ihrem gängigen Erlebnishorizont zuordnen können. Was beispielsweise für die Bewohner Chinas oder Japans vor 5000 Jahren die »Himmelssöhne« mit ihren fliegenden und feuerspeienden Drachen waren, ja sein mußten, kann heute dank unserem eigenen Fortschritt als Manifestationen einer überlegenen Technologie interpretiert werden.
Mit einiger Sicherheit dürfte jede dieser beiden Hypothesen dem tatsächlichen Status quo recht nahe kommen. Es gibt ausreichend Hinweise in der gegenwärtigen UFO-Problematik, die man zur Bestätigung der einen oder anderen These hinzuziehen kann. Beide Szenarien erscheinen logisch durchdacht, und die Wirklichkeit dürfte wohl, wie meist, irgendwo in der Mitte liegen.

Was erwartet uns?

An welchem Punkt stehen wir im Moment, worauf können, auf welche Ereignisse sollten wir uns in der nächsten Zeit gefaßt machen?
Vielleicht befinden wir uns bereits näher an der Schwelle zu einer neuen und offenen Kontaktaufnahme mit den Wesen, die unsere Wege nicht nur begleitet haben, sondern überhaupt erst die Möglichkeit für uns schufen, eigene Wege zu gehen.
Wo werden die »Götter«, die »Söhne des Himmels«, die »Anderen« oder wie immer man sie auch bezeichnen mag, sich wieder zeigen?
In den hochtechnisierten Ländern der westlichen Welt, wo

sie ihre Präsenz durch die unheimlichen Begegnungen der dritten und vierten Art in den vergangenen Jahren so drastisch verstärkt haben?
Oder in Ländern wie China, Tibet, Indien oder Japan, wo die Erinnerung an sie noch - wie ich in diesem Buch dargelegt habe - weitaus lebendiger ist als andernorts?
Sollten sie sich eines wahrscheinlich gar nicht mehr so fernen Tages wieder offen zu erkennen geben, so kann dies überall auf unserem Planeten geschehen.
Dann werden die alten gelben Götter auf ihren feuerspeienden Drachen auch wieder in den Weiten Zentralasiens, über der großen weißen Pyramide Chinas, vom Himmel herniedersteigen!

Liebe Leserin,
lieber Leser,

Sie haben nun eine Reise nicht nur durch die Gegenden Ost- und Zentralasiens gemacht, sondern auch durch die Jahrtausende. Sie sind auf unerklärliche und faszinierende Begebenheiten und Artefakte aus ferner Vergangenheit gestoßen. Sie haben auch Neues erfahren über die unheimlichen Entführungsfälle unserer Tage – und ihre Parallelen, die wiederum geradewegs in die Vergangenheit führen.
Und sie haben die »große weiße Pyramide« Chinas gesehen. Jenes geheimnisumwitterte Bauwerk, das bislang immer nur ins Reich der Fabel verwiesen wurde. Aber hier konnten Sie ein Foto derselben betrachten und weitere Bilder von anderen Pyramiden, von denen bis jetzt niemand bei uns wußte.
Aber die Suche nach dem Ungewöhnlichen und Geheimnisvollen geht weiter. Der Autor hat es sich zum Ziel gesetzt, selbst an möglichst viele Orte zu gelangen, über die in diesem Buch berichtet wird. Sollten Sie selbst in Asien – oder wo immer auf der Welt – auf ungewöhnliche und bislang unbekannte Dinge gestoßen sein, wäre es schön, wenn Sie diese dem Autor mitteilen würden:

Hartwig Hausdorf
c/o Herbig-Verlag
Thomas-Wimmer-Ring 11
80539 München

Und sollten Sie ganz allgemein an der hier behandelten Thematik interessiert sein, möchte ich Ihnen noch zu guter Letzt die Ancient Astronaut Society - kurz AAS genannt - vorstellen. Mit ihren im deutschsprachigen Raum bereits über 8000 Mitgliedern hat die AAS das Sammeln, Austauschen und Publizieren von Indizien zum Ziel, die geeignet sind, folgende Ideen zu unterstützen:

- In vorgeschichtlicher Zeit erhielt die Erde Besuch aus dem Weltall.
- Die gegenwärtige technische Zivilisation auf unserem Planeten ist nicht die erste.
- Oder beide Theorien kombiniert.

Die Mitgliedschaft in der AAS steht jedermann offen. Im Zweimonatsabstand gibt sie ein Mitteilungsblatt, die »Ancient Skies«, heraus. Die AAS organisiert Studienreisen an archäologisch interessante Fundplätze. Periodisch finden internationale Kongresse und nationale Tagungen statt.

Der Jahresbeitrag zur AAS beträgt SFR 35,- oder DM 40,-. Weitere Auskünfte über die AAS fordern Sie bitte an bei:

Ancient Astronaut Society
Baselstrasse 1
CH-4532 Feldbrunnen

Herzlichst
Hartwig Hausdorf

Begriffserklärungen

Akupunktur: Diese aus China stammende Heilmethode besteht im Einstechen von Metallnadeln in die Haut des Patienten an ganz bestimmten Punkten, die für seine jeweiligen Beschwerden charakteristisch sind – aber örtlich weit entfernt liegen können. Die zur Akupunktur verwendeten Punkte sind nicht gleichförmig verteilt, sondern liegen auf Linien, sogenannten Meridianen. Die Erfolge der Akupunktur sind heute unbestritten, obwohl ihre Wirkungsweise vom Standpunkt unserer westlichen Medizin noch immer ungeklärt ist.

Cargo-Kulte (von der englischen Bezeichnung für Fracht, Ware): Besonders im asiatisch-pazifischen Raum beobachtete und von den Ethnologen aufgezeichnete Handlungsweisen eingeborener Stämme nach der Konfrontation mit Vertretern höher zivilisierter Kulturen. In den vierziger Jahren waren dies vorwiegend Kontakte mit Truppenteilen der Amerikaner, Australier usw. im Zuge der Kampfhandlungen des Zweiten Weltkrieges. Das führte dazu, daß die auf einer sehr primitiven Entwicklungsstufe stehenden Eingeborenen die Fremden imitierten, dabei sogar die Ausrüstung wie Funkanlagen, Antennen, selbst Flugzeuge aus Holz und Stroh nachbauten. Alles in der Hoffnung, daß auch ihnen die Reichtümer der fremden Wesen (das »Cargo«) zuteil würde. – Wenn nun unsere Vorfahren in grauer Vorzeit ihre Begegnungen mit den Vertretern hochentwickelter, außerirdischer Zivilisationen ebenso falsch interpretiert hätten? Dann ließe sich die Entstehung scheinbar sinnloser Rituale auf höchst reale Begebenheiten zurückführen: mißverstandene Technologie!

Chinesische Schrift: Die chinesische Schrift hat im Laufe der Jahrtausende im wesentlichen vier Entwicklungsstufen durchlaufen:

1. Reine Bilderschrift als schematische Darstellung konkreter Begriffe wie Werkzeuge, Tiere, Waffen usw.
2. Ideografisches Stadium, das bedeutet das Auswerten der Abbildungen von Gegenständen oder Tätigkeiten als Symbole für abstrakte Begriffe wie z. B. Eigenschaften, Handlungsabläufe usw.
3. Phonetische Entlehnung. Bereits existierende Schriftzeichen wurden für das Schreiben gleichlautender Wörter benutzt, deren Bedeutung nicht bildlich ausgedrückt werden konnte.
4. Schaffung einer komplexen Methode zur Bildung von Schriftzeichen. Ein Strukturbestandteil, der »Klassifikator«, reiht den Charakter nach seiner Bedeutung ein, während der andere Bestandteil, das phonetische Element, die Aussprache des Schriftzeichens definiert.

Der überwiegende Anteil, etwas mehr als 90 Prozent der insgesamt ungefähr 60000 Zeichen der modernen chinesischen Schrift, sind Phonoideogramme, sie geben also die Aussprache an. Ursprünglich eine rein einsilbige Sprache, hat sich Chinesisch im Laufe der Zeiten zu einer überwiegend mehrsilbigen Sprache entwickelt.

Condon-Report: Am 9. Januar 1969 gab eine Untersuchungskommission der Universität von Colorado unter Vorsitz von Dr. Edward U. Condon einen über 900seitigen Bericht zum Thema UFOs heraus. Die Vorgehensweise war von Anfang an umstritten, beispielsweise durch die Suspendierung von Kommissionsmitgliedern, die der Thematik objektiv gegenüberstanden. Das Ganze wurde ein Paradebeispiel für eine voreingenommene Untersuchung. Obwohl ein Teil der untersuchten Fälle als »unidentifiziert« eingestuft wurde, kam der abschließende Bericht zu dem Ergebnis, es bedürfe keiner weiteren Erforschungen des Themenkomplexes um die Unbekannten Flugobjekte.

Extroflexion (eines unbewußten Archetypus, nach C. G. Jung): Der Schweizer Psychologe vertrat die Theorie, daß es sich bei den UFOs um die sichtbar gewordene, nach außen hin projizierte Vision von im Unterbewußtsein verankerten Urängsten, Sehnsüchten und Vorstellungen handelt.

MUFON-CES (Mutual UFO Network - Central European Section): Im Jahre 1974 als europäische Vertretung der privaten Forschungsgruppe MUFON gegründet. Wissenschaftler aus Deutschland, Österreich und der Schweiz gehören dieser internationalen Gesellschaft an. Deren Ziel ist es, das Rätsel der Unbekannten Flugobjekte mit wissenschaftlichen Methoden einer Lösung näherzubringen. In der Gruppe sind beispielsweise Physiker, Astronomen, Mediziner, Psychologen, Ingenieure und sogar ein Hypnosearzt vertreten. Die interdisziplinäre Diskussion befindet sich momentan noch im vorwissenschaftlichen Stadium, da noch keine überprüfbaren Theorien ausgearbeitet sind und keine Forschungsmittel zur Verfügung stehen. Die Arbeitsweise ist vorerst geprägt von der Erstellung eines methodischen Weges zur Problemanalyse sowie der Anlage einer geeigneten Datenbasis.

Offene Städte (für den Tourismus geöffnete Städte und Orte in der VR China): Die Öffnung des Landes für ausländische Besucher geht zwar seit einigen Jahren voran - dankenswerterweise auch durch den Weitblick der verantwortlichen Stellen nach dem Sturz der sogenannten »Viererbande«. Doch noch immer ist nicht jeder Ort, jede Region in der Volksrepublik für Touristen zugänglich; mancher Ort nicht einmal für Chinesen selbst. Oft spielen dabei militärische Erwägungen eine Rolle, ebenso fehlende Infrastrukturen (Straßen usw.) oder, wie hier in diesem Buch beschrieben, geheimnisumwitterte Funde aus der Vorzeit, die man nicht so schnell der Weltöffentlichkeit preisgeben will. Die Erwägung realistisch denkender Verantwortlicher in den entscheidenden Positionen werden mit großer Wahrscheinlichkeit in den kommenden Jahren manche dieser »No-go-areas« freigeben!

Paläo-Seti-Hypothese (SETI, von Search for Extraterrestrial Intelligence): Paläo-Seti ist die Suche nach Manifestationen außerirdischer Intelligenzen in vor- und frühgeschichtlicher Zeit. Immer mehr Indizien deuten darauf hin, daß mehr oder weniger regelmäßige Besuche jener Entitäten auch in geschichtlich erfaßten Zeiten fortdauerten.

Reinkarnation (Wiedergeburt): Das Phänomen, daß der durch den Tod freigegebene »Astralkörper« eines Menschen zu einem späteren Zeitpunkt einen neuen physischen Körper erhält, indem er sich mit einem Embryo verbindet. Die Reinkarnationstheorie spielt eine wichtige Rolle im Buddhismus, insbesondere in seiner tibetischen Version. Da das Thema der Wiedergeburt für präastronautische Betrachtungen nicht primär relevant ist, sei hier bei weitergehendem Interesse auf die einschlägige parapsychologische Literatur verwiesen.

Schöpfungsmythen: In den Überlieferungen der Völker rund um diesen Globus gibt es reichlich Hinweise auf die aktive Einflußnahme realer Wesen. Sie werden stets als Götter bezeichnet, die vom Himmel kamen; in auffallender Übereinstimmung wird ihnen die Schaffung des Menschengeschlechts zugeschrieben. Doch diese »Götter« ließen es nicht allein bei der »Züchtung« des Menschen bewenden. Sie brachten ihren Geschöpfen auch Sprache, Kunstfertigkeit, Gebote und Regeln für das Zusammenleben miteinander (Gesetze) bei.

TREAT (»Treatment and Research on Experienced Anomalous Trauma« — zu deutsch: Behandlung und Erforschung erlebter anomaler Traumata): Diese Organisation wurde von der amerikanischen Psychologin Dr. Rima Laibow gegründet, und es gehören ihr Ärzte, Psychiater und Psychologen an. Ziel ist es, für die Opfer von Entführungsfällen (CE-4-Erlebnisse) eine Anlaufstelle zu schaffen, die die Betroffenen medizinisch und psychologisch betreut.

Danksagung

Es gibt eine Reihe von Personen, ohne deren Hilfe und Unterstützung dieses Buch sicher nicht zustande gekommen wäre. Ihnen allen schulde ich Dank.
Allen voran Erich von Däniken, der mir, während ich daran arbeitete, mit Rat und Tat zur Seite stand und mir erlaubte, aus seinem reichhaltigen Bildarchiv zu schöpfen. Ebenso Peter Krassa, der mir gleichfalls einige spektakuläre Bilder zur Verfügung stellte, sowie Uli Dopatka für seine bibliographischen Anregungen.
Ich danke Herrn Ly Hanlam für seine Schriftkunst (und noch mehr für seine köstliche chinesische Küche), Herrn Chen Jianli und Frau Li Jun für die Entzifferung mir unlesbarer Zeichen und Überarbeitung von Personen- und Ortsnamen auf die moderne Hanyu-Pinyin-Schreibweise. Dank an Gaby Mühlthaler für die Entwürfe der Illustrationen. Und auch Rainer Tautenhahn für seine unermüdliche Arbeit an der Schreibmaschine, wann immer mir bewußt wurde, daß auch mein Tag nur 24 Stunden hat.
Last but not least gebührt meinem Lektor, Herrn Hermann Hemminger, Dank für sein großes Interesse und sein stets offenes Ohr für die vielen Fragen, die ich an ihn zu stellen wußte.

Garching/Alz *Hartwig Hausdorf*

Quellennachweis

1 Knop, Doris: »Reisen in China.« Bremen 1988
2 Drake, Raymond: »Gods and Spacemen in the Ancient East.« London 1968
3 Krassa, Peter: »... und kamen auf feurigen Drachen.« München 1990
4 Kolosimo, Peter: »Sie kamen von einem anderen Stern.« Wiesbaden 1969
5 Kolosimo, Peter: »Unbekanntes Universum.« Wiesbaden 1976
6 Clarke, Arthur C.: »Profile der Zukunft – über die Grenzen des Möglichen.« München 1984
7 Meckelburg, Ernst: »Zeittunnel.« München 1987
8 Dopatka, Ulrich: »Lexikon der Präastronautik.« Düsseldorf 1979
9 Charroux, Robert: »Phantastische Vergangenheit.« München 1966
10 Gossler, Marcus: »Lexikon Grenzwissenschaften.« Landsberg/Lech 1988
11 Charroux, Robert: »Die Meister der Welt.« München und Zürich 1974
12 Ritsch, V., und Tschernenko, M.: »Waren Besucher von anderen Sternen auf der Erde?« In: »Russischer Digest«, Mai 1960
13 Däniken, Erich v.: »Zurück zu den Sternen.« Düsseldorf 1969
14 Stoneley, J., und Lawton, A. T.: »Is anyone out there?« London 1975
15 Krassa, Peter: Persönliche Korrespondenz mit dem Autor v. 15. Dezember 1993
16 Däniken, Erich v.: »Aussaat und Kosmos.« Düsseldorf 1972
17 Krassa, Peter: »Als die gelben Götter kamen.« Wien 1973
18 o. Verf.: »Welcome to China.« Beijing 1990
19 Krassa, Peter: »Ich fand meine Fata Morgana.« In: »Kosmische Spuren.« München 1988
20 Däniken, Erich v.: »Der Tag an dem die Götter kamen.« München 1984

21 Däniken, Erich v.: »Erinnerungen an die Zukunft.« Düsseldorf 1968
22 Collington, Patrick: »Keiner kann das Rätsel der Wüste Gobi lösen.« In: »Passauer Neue Presse«, Juni 1986
23 Brookesmith, Peter: »Incredible Phenomena.« London 1984
24 Pauwels, L., und Bergier, J.: »Die Entdeckung des ewigen Menschen.« München 1975
25 Buttlar, Johannes v.: »Zeitriß.« München 1989
26 Buttlar, Johannes v.: »Leben auf dem Mars.« München 1987
27 Crowley, Brian: »The Face on Mars.« South Melbourne 1986
28 Cathie, Bruce: »The Bridge to Infinity.« Boulder 1989
29 Hain, Walter: »Pyramiden in China.« In: »Ancient Skies«, 6/1991
30 Brookesmith, Peter: »Creatures of Fear and Fable.« London 1987
31 Blavatsky, H. P.: »Die Geheimlehre.« Berlin 1932
32 Scheuchzer, Johann J.: »Museum Diluvianum.« Zürich 1716
33 Scheuchzer, Johann J.: »Physica Sacra.« Zürich 1731
34 Cuvier, Georges: »Recherches sur les ossements fossiles.« Paris 1812
35 Wendt, Herbert: »Ehe die Sintflut kam.« Oldenburg 1965
36 Langelaan, Georges: »Die unheimlichen Wirklichkeiten.« München 1975
37 Berlitz, Charles: »Das Drachen-Dreieck.« München 1990
38 Sänger-Bredt, Irene: »Ungelöste Rätsel der Schöpfung.« Düsseldorf 1971
39 Buttlar, Johannes v.: »Schneller als das Licht.« Düsseldorf 1972
40 Buttlar, Johannes v.: »Drachenwege.« München 1990
41 Holbe, Rainer: »Phantastische Phänomene.« München 1993
42 Michel, Aimé: »Flying Saucers and the Straight-Line Mystery.« New York 1958
43 o. Verf.: »Weltalmanach des Übersinnlichen.« München 1987
44 Henss, Michael: »Tibet. Die Kulturdenkmäler.« Zürich 1981
45 Däniken, Erich v.: »Der Götter-Schock.« München 1992
46 Pauwels, L., und Bergier, J.: »Aufbruch ins Dritte Jahrtausend.« Bern/München 1962
47 Meckelburg, Ernst: »Besucher aus der Zukunft.« Bern und München 1987
48 Kolosimo, Peter: »Terra senza tempo.« Milano 1964
49 Spießberger, Karl: »Der Tschöd-Lama aus Graz und seine Initiation im ›Kloster zum schwarzen Khan‹.« In: »Esotera«, 1–3/1971

50 David-Néel, Alexandra: »With Mystics and Magicians in Tibet.« London 1936
51 Eliade, Mircea: »Schamanismus und archaische Ekstasetechnik.« Zürich 1975
52 Guariglia, Guglielmo: »Prophetismus und Heilserwartungsbewegung als völkerkundliches und religionsgeschichtliches Problem.« In: »Wiener Beiträge zur Kulturgeschichte und Linguistik.« Wien 1959
53 Däniken, Erich v.: »Habe ich mich geirrt?« München 1985
54 Däniken, Erich v.: »Reise nach Kiribati.« Düsseldorf 1981
55 Dünnenberger, Willi: »Außerirdische Leichen in Chile gefunden? Neue Recherchen zu einer alten Pressemeldung.« In: »Ancient Skies.«, 2/1993
56 Strieber, Whitley: »Die Besucher.« Wien u. München 1988
57 Hopkins, Budd: »Intruders.« New York 1987
58 Däniken, Erich v.: »Beweise.« Düsseldorf 1977
59 Munro, N. G.: »Ainu Creed and Culture.« New York 1963
60 Etter, C.: »The Ainu Folklore.« New York 1949
61 Schneider, Adolf: »Besucher aus dem All.« Freiburg 1974
62 Däniken, Erich v.: »Die Steinzeit war ganz anders.« München 1991
63 Roy, Chandra P.: »The Mahabharata.« Calcutta 1888
64 Good, Timothy: »Jenseits von Top Secret.« Frankfurt/Main 1991
65 Fiebag, Johannes: Editorial aus »Ancient Skies«, 2/1993
66 Dong, Paul, und Stevens, W.: »UFOs over modern China.« Tucson/Arizona 1983
67 Spencer, John: »Geheimnisvolle Welt der UFOs.« Wien 1992
68 Buttlar, Johannes v.: »Sie kommen von fremden Sternen.« München 1986
69 Hynek, J. Allen: »UFO-Report. Ein Forschungsbericht.« München 1978
70 Hynek, J. Allen: »UFO. Begegnungen der ersten, zweiten und dritten Art.« München 1979
71 Fiebag, Johannes: »Die Anderen.« München 1993
72 Hopkins, Budd: »Von UFOs entführt.« München 1982
73 Walters, Ed und Frances: »UFOs – Es gibt sie.« München 1990
74 Magin, Ulrich: »Von UFOs entführt. Unheimliche Begegnungen der vierten Art.« München 1991
75 Baumann, Hans-D.: »Unsere fernen Nachbarn.« Hamburg 1990
76 Strieber, Whitley: »Transformation.« New York 1988

77 Evans, Hilary: »Beweise: UFOs.« München 1988
78 Däniken, Cornelia v.: »Embryo-Transfers im alten Indien.« In: »Ancient Skies«, 3/1991
79 Brookesmith, Peter: »The Age of the UFO.« London 1985
80 Kohlenberg, Karl F.: »Enträtselte Vorzeit.« München und Wien 1970
81 Krassa, Peter: »Gott kam von den Sternen.« Freiburg 1974
82 Däniken, Erich v.: »Wir alle sind Kinder der Götter.« München 1987
83 Bord, Colin und Janet: »Unheimliche Phänomene des 20. Jahrhunderts.« Rastatt/Baden 1990
84 Deardorff, J., und Fiebag, J.: »Seti und die Leaky-Embargo-Hypothese.« In: »Neue kosmische Spuren.« München 1992
85 Fiebag, Johannes: »Die Mimikry-Hypothese.« In: »Ancient Skies«, 4/1990
86 Fiebag, Johannes: »Die Mimikry-Hypothese.« In: »Neue kosmische Spuren.« München 1992

Register